Friedrich Schulz

Texte zum Denken für Männer die Weiber

und für Weiber die Männer kennen, und kennen lernen wollen

Friedrich Schulz

Texte zum Denken für Männer die Weiber
und für Weiber die Männer kennen, und kennen lernen wollen

ISBN/EAN: 9783743477551

Hergestellt in Europa, USA, Kanada, Australien, Japan

Cover: Foto ©ninafisch / pixelio.de

Weitere Bücher finden Sie auf **www.hansebooks.com**

TEXTE ZUM DENKEN

FÜR

MAENNER DIE WEIBER

UND

FÜR WEIBER DIE MAENNER

KENNEN,

UND KENNEN LERNEN WOLLEN.

HERAUSGEGEBEN

von

FRIDRICH SCHULZ.

REGENSBURG,

in der Montag - und Weißischen Buchhandlung

1797.

1.

Der verächtlich vom weiblichen Charakter spricht, kennt entweder seinen Text nicht, oder er verläumdet.

2.

Ein edles Weib ist ein vollendeter Diamant in seiner doppelt pyramidalischen Krystalisation: ein edler Mann ein Mensch, der seiner Götterkraft sich bewust und würdig ist.

3.

Gebrechlichkeit; dein Nahme ist Weib! sagt Schakespear. Eigennuz; dein Nahme ist Mann! sagt Roußeau.

4.

Der Mann und das Weib ist gut und vollendet, spricht Home, aber die Männer und die Weiber fehlen.

5.

Fehler fchliefsen Vorfaz aus und Tüke, und daher müffen alle Fehler allen Men-fchen zu verzeihen feyn!

6.

Ohne den Einfluſs der Weiber gieng Rom und Sparta zu Grunde! und Frank-reich wäre ohne ihre Einwürkung zu keiner Republik erwachfen.

7.

Da die Weiber fowohl Menfchen find als die Männer — warum fehlt' es dann bisher an Vorfchlägen beyde Menfchenclaſsen auf gleichen Fuſs zu fezen?

8.

Condorcet und Mirabeau berührten nur fehr fanft diefe Corden.

9.

Soll dann diefe zweyte? — fo ehrwür-dige Claſse des Menfchengefchlechts ewig

in der Wiege bleiben, immer nur mit Spiel-
zeug und kindifchen Näfchereyen unterhalten werden? Ueberall unter unferer? —
Vormundfchaft? Ueberall ohne wefentliche
Gültigkeit?

10.

Noch haben einmal die Menfchen die
Ehre und die Schande, das Glük und das
Unglük ihres gleichen untergeben zu feyn.
Der Machthabende ift indefsen fo gut Menfch
als der Machtgebende, und fo ift auch der
Mann fo wenig Vollkommenheit wie das
Weib.

11.

Der Verftand der Weiber, der über den
unfrigen fo oft triumphirt, der alles auf
Worte fezt — und alles überreden kann,
wird fie nie finken lafsen; und wenn wir
nach den Sternen fehen und fallen, find
es die Weiber die uns aufhelfen; wenn
wir uns ins Abftrahiren, und in Abftraktio-

nen verlohren haben, find es die Weiber
die uns órientiren.

12.

Sie befizen eine practifche, wir nur
eine theoretifche Vernunft.

13.

Roufseau fagt: die Frau hat mehr Verftand, und der Mann mehr Genie.

14.

Daher beobachtet das Weib, und der
Mann philofophirt darüber.

Mit diefen Anmerkungen könnte man
fich fchon vertragen, obgleich in den Oden
der Sappho ein fo hohes Ideal und eine
fo erhabene Einfalt liegt, dafs kaum ein
männlicher Dichter fie übertroffen hat:
Wenn aber Johann Jacob in feinen
Behauptungen fich fo weit verfteigt, dafs
er den Weibern Kunftliebe abfpricht und

Genie, fo wird er fich fchwerlich von aller
Partheylichkeit losmachen, und feitdem wir
feine Bekenntnifse befizen, läfst fich das
auch alles erklären. —

15.

Zugegeben aber auch: dafs Streit und
Zank weibliche Truz-Waffen find, und dafs
Neugierde, Leichtgläubigkeit, Neid und
Schadenfreude ihre böfe Eigenfchaften find,
an denen unfer Gefchlecht gewis auch keinen Mangel hat: gehören dagegen nicht zu
den guten weiblichen Eigenfchaften finn-
reicher Witz, Gedult und eine gewifse
kosmopolitifche Liebe? Unferm Gefchlechte
fcheint mehr Familien- und Vaterlands-
Liebe eigen zu feyn.

Auch die Empfindung der Weiber ift
inniger und fchneller; und da wir bey
aller Vernunft Höhe und Tiefe uns doch
am Ende mit Glauben behelfen müfsen, fo

fo verftehen es die Weiber, diefe Gelegenheit zu ihrem Vortheil zu benuzen, laſsen
die Vernunft in beſter Form an ihren Ort
geſtelt ſeyn, und wenden ſich gerades weges an unſer Herz.

16.

Die wichtigſten Bekehrungen find durch
Weiber gefchehen: zu öffentlichen Reden
find fie nicht aufgelegt; dagegen geboren zum
colloquiren, zu befchränken, einzuleiten
und — aufzumuntern.

17.

Wann, wie und wo haben die Weiber
auf Staatsgefchäfte Verzicht gethan? Je
länger man fich nicht entblödet ihnen Stimme und Sitz in alle dem, was Vaterlands-
und Staatswürde betrift, ſo ungerecht zu nehmen, je ärger wird diefs Gefchlecht aus-
fchweifen, fobald die Zäume des Zwanges
und der Sclaverey zerriſsen find.

18.

Der Schwächere war und ift ohnehin immer der Graufamere; allein wenn man den Schwächern noch obenein künftlich fchwächer macht, als er es fchon von Gottes und von Natur wegen ift: was und wer kann diefen zu Kraft gekommenen Schwachen halten? An Gefeze glaubt diefs Gefchlecht wenig oder gar nicht, weil es nicht eingeladen ward feine Stimme dazu zu geben: an Flittergold und Gröfse unferer Hohen und Weifen eben fo wenig.

Es ift kaum glaublich was für dreifte Grundfäze diefs Gefchlecht in Rükficht der Verbindlichkeiten heget, zu geben dem Kaifer was des Kaifers ift. — Weiber fehen mehr als wir ein, dafs Weisheit und Hoheit — die Fehler der Menfchen zwar verheimlichen und überglänzen, allein nicht heben! fie lauern den Weifen und Hohen gewaltig auf den Dienft, um fie jede in

Herrlichkeit verkleidete Schwäche auf der Stelle empfinden zu lassen, oder sie ihnen schalkhaft nachzutragen.

19.

Will man dreiste Urtheile über regierende Herren, über ihren Leib oder ihre Seele, über die sieben Weisen des Landes und ihre Vorsteher hören; so gehe man zum Orakel eines aufgeklärten Weibes, und sie wird ihr Urtel und Recht eben so frey aussprechen, als mit Gründen belegen.

20.

Auf dem schönen Geschlechte ruht der Geist der Revolution:

Voltaire und Rousseau, Condorcet und Mirabeau giengen in seine Schule.

21.

Wir sind nichts ohne die Weiber!

22.

Sehr viele Galanterien in die fie fich
verwikeln laffen, entfpringen nicht aus
Neigung und Liebe, fondern aus Hang zur
Herrfchfucht; — fie zeigen, dafs fie durch,
und troz aller Unterdrükung nicht tief genug herunter zu bringen find, um willen-
los zu werden, und entfchädigen fich durch
die Ehre, dafs fie Könige und Fürften,
Minifter und Weife, Geiftliche und Dichter öffentlich an Ketten herumleiten. —

So machen fie alle Theorien durch ihre
Praxis zu Schanden, bis der
Zeitpunkt erfcheinen wird
wo fie öffentlich uns zeigen werden
Wer fie von Natur wegen find!

23.

Man nehme nur die Gefchichte; und
man wird finden, dafs, wenn gleich die
Weiber nicht regierten, Alles doch durch

sie regiert ward, und dafs sie sich durch
alle Schwierigkeiten durchzubringen verstanden, um so oder anders zu diesem Ziele
zu kommen. Themistocles fand kein Bedenken hierunter eigends auf unsere Seite zu
treten; und die Herrschaft der männlichen Römerinnen über die weiblichen Römer verdient wohl eine ähnliche Erwägung.

24.

Ich weifs nicht, welche Schande gröfser
seyn soll: wenn man ein Weib unter die
Männer, oder einen Mann unter die Weiber verstöfst? — jezt und ehe das männliche Geschlecht aufhört, das *materiale* und
das andere Geschlecht das *formale* in der
Welt zu seyn, jezt, ehe noch entschieden
ist, was das schöne Geschlecht seyn kann
und seyn wird — — jezt hat es zwar das
Ansehen, dafs ein Frauenzimmer gewönne,
wenn es im Wege Rechtens zur Männlichkeit kömmt.

Der Vorwurf: Elifabeth war ein König — jezt regiert die Königin Jacob, foll nicht die Königin Elifabeth, fondern den König Jacob treffen, und die Ritterin d'Eon mufste durch einen Machtfpruch ihrem Gefchlechte zurükgegeben werden.

Allein beweifen diefe Umftände mehr, als dafs Vorurtheil gegen Natur, fo wie Fleifch gegen Geift ftreitet, und dafs, um defto leichter zu verführen, das Vorurtheil fich das Anfehen der Natur beyzulegen weifs, wie der arge böfe Feind fich in einen Engel des Lichts zu verftellen pflegt?

Lift ift ein füfser Wein ohne Nachdruk, und blos Menfchen, die ihren individuellen Unwerth fühlen, fuchen fich ein Gewicht beyzulegen, das bey Leuthen von weniger Prüfungsfähigkeit, wie falfche Münze bey Nichtkennern als gute gilt!

Der Geiftliche macht aus feiner Sache
die Sache Gottes, der unweife Staatsmann
aus feinem intereffirten ich das höchfte
Staatsintereffe; und gemeiniglich werfen
fich diejenigen zu Notablen des menfchlichen Gefchlechts auf, die man am wenigften dazu erwählen würde.

25.

Welchem Weibe von Gefühl ift es daher
zu verdenken, wenn fie fich bitter über die
Feffeln beklagt, die man feinem Gefchlechte fo
unverfchuldet anlegt? wenn es fich wider Ein-
richtungen fträubt, die das männliche Gefchlecht ohne fein Wiffen und Willen traf?

Die französische Republik, die fo laut
jedes Menfchenrecht vertheidigte, wufste
fehr wohl, welchen Antheil die Damen von
den Hallen an der Veredlung der Staats-
metalle nahmen, und ich denke — — es
wird bald weiter kommen.

Nicht Rousseau der Philosoph, aber Rousseau, der Sonderling erklärt den Mann für den natürlichen Despoten des andern Geschlechts.

Zwar ist der Mann in Hinsicht des Körpers allerdings stärker als das Weib!

Aber auch in Hinsicht der Seelenkräfte? Und selbst in Rüksicht des Körpers würde manche Bauerdirne diese Stelle sogar nicht blos durch Kopfschütteln widerlegen, wenn sie von einem der Tausende aus unserer Stuzer Phalanx zum Zweykampf aufgefordert würde.

Kömmt es nicht, selbst wenn vom königlichen Rechte des Stärkern die Rede ist, mehr auf Seele als auf Leib an? —

Was giebt den Männern das Recht, das andere Geschlecht für nicht viel mehr als einen leeren Raum, oder einen geometrischen Körper zu halten, der zwar ausge-

dehnt ift, allein nicht die Ehre hat, das zu
befizen, was man Materie und Undurch-
dringlichkeit nennt.

Höchftens geftehet man ihnen eine fo
kleine Mafse und eine fo geringe Tüchtig-
keit zu, dafs fie in der politifchen Welt
nur ein fehr kleines Räumchen einnehmen.

26.

Die Erziehung, der wir das weibliche
Gefchlecht würdigen, was ift fie anders als eine conventionelle Form in Kleinigkeiten? —

Wenn wir es ins reine Licht fezen

Gaukeleyen in mancherley Zungen und Sprachen; ein Unterricht, Mef-
fer und Gabel zur Rechten, das Brod zur
Linken zu legen; deinen Vater nicht ''Du''
zu heifsen; fondern: gnädiger Herr Papa
feyn Sie fo gnädig zu hören; zur Mutter nicht zu fagen: liebe Mutter du bift
das befte Weib in der Welt; fondern:

gnädige Mama! Sie find gepuzt wie ein
Engel; wenn du Leuten begegneft, die dei-
nes gleichen find, ihnen die Frage aus dem
Munde zu ftehlen, wie befinden Sie fich?
und find es vornehmere, dir die Erlaubnifs
zu nehmen, dich nach derfelben Wohler-
gehen oder Hochergehen zu erkundigen;
ein Vifitenblatt abzugeben, wenn die Leute
im Fenfter liegen, und doch vermittelft einer römifchen Fiction geglaubt werden mufs,
man fey über Land gezogen.

Wer nicht einfieht was ich fagen will
und die erforderliche bürgerliche Verbefserung des andern Gefchlechts durchaus be-
ftreitet, wie die Moralität der jüdifchen
ganzen Nation, mit dem will ich nicht
rechten; und wer es mir übel nimmt, dafs
ich hier und fonft nicht ein wenig warm
werden kann — der — darf mich nicht
lefen.

B

27.

Ein Menſch, der den Schwächern drükt,
verdient allgemeine Verachtung; wer nur
den Schwächern bekriegt, verdient nie den
Namen: Sieger; denn vom Duel bis zum
blutigſten Kriege muſs der Streit allemal
eine Wette ſeyn.

Daher iſt es ein untrügliches Zeichen eines guten Herzens, Frauenzimmer zu hoch-
ſchäzen nach bekannter Ritterpflicht, und
ſie zu vertheidigen.

Es iſt eine unnatürlich rühmliche That,
daſs jene Weiber in Sparta ſich für ihre
Männer hinrichten laſsen wollten — es iſt
aber das Schlechteſte was ich von unſerm Geſchlechte weiſs, daſs die Ehemänner ſich
durch die Kleider ihrer Weiber befreyen
lieſsen: es wäre denn die Geſchichte, da
die perſiſchen Weiber ihren fliehenden Männern ans Thor entgegen eilten, ſie in

Mutterleib nöthigten, und eben hierdurch
den Sieg veranlafsten.

28.

Ein weibifcher Mann ift unendlich uner-
träglicher als ein männliches Weib: er ift
an keiner Stelle, ein männliches Weib
dagegen ift nur nicht an feiner Stelle.

Ein Mann foll gehen ohne fich umzukeh-
ren; er foll überwinden, niemals weichen.

Der weibliche Einwand der Furcht ent-
ehrt nach französifch - und preufsifchen
Militair- Gefezen.

Der Mann mufs ein gebohrner Held
feyn, und nimmer bitten.

Weiber bewegen, wenn fie bitten; fiegen, wenn fie fliehen.

Troz, Muth und Standhaftigkeit find die
Pfeile, welche ein männliches Herz verwun-
den, wenn eine männliche Hand fie abfchiefst.

Ein Mann lebt wirklich.

Ein Schwächling glaubt zu leben!

Wer alles benuzt, wie es kommt, ift weife.

Wer länger wählt, als geniefst, ift ein
Thor.

Jene beyde Philofophen Demokrit und
Heraklit, wovon der eine immer lachte und
der andere immer weinte, waren weiter nichts
als ein paar Schaufpieler, wovon der eine
im Luft - und der andere im Trauerfpiele
aufwartete.

Gärrik war in beyden gleich ftark!

Ift das nicht nothwendig in der würkli-
chen Welt?

29.

Das Ritterfyftem hatte doch fein Schönes, Hehres, Edles und Gutes!

Religion und Muth war hier Lofung!

Die Dame war fo gut Heldin, wie der Ritter Held!

Weiber wurden erhaben und theilneh-mend, ihre Seelen kamen zu einer Stärke ohne fich zu verhärten.

Es war füfs für das andere Gefchlecht, fich einem ftolzen unbefiegten Manne zu un-terwerfen; und eben fo fchmeichelhaft für den Ritter, die Göttin feines Herzens zur Männin, zur Kennerin feiner Heldenwürde zu erheben.

Er huldigte dem Verftande feiner Hel-din; fie feinem Muthe und feiner Stärke; und von jeher galt ein Mann von Herz und Kopf bey den Weibern mehr, als ein ftuzerifcher Narzifs.

30.

Edle Freyheit legt fich felbft die ftrengfte Pflicht auf.

Einfchränkung und Eiferfucht erzeugt Galanterie.

Es ift nicht gut, wenn das andere Gefchlecht feine Schönheit verbirgt.

Man mufs ihrer Tugend, nicht ihrem Tuche trauen.

Arg aber ift es, wenn es Reize zeigt, und Schatten dabey anbringt, der die Sache, fo wie in der Malerey erhebt:

So lange ein Wanderer nichts fieht, geht er feinen Schritt; fobald er aber Interefse erblikt, nimmt er feine Kräfte zufammen, und thut Sprünge, oder wenigftens gröfsere Schritte, fo müde er auch ift!

31.

Es ift nicht zu läugnen, dafs unter allen Eigenfchaften, die ein Frauenzimmer empfehlen, die Schönheit den erften Rang einnimmt.

Das Weib fchreibt fich aus dem Paradies her, kein Wunder, dafs es niedlich ift!

Ein Frauenzimmer, das diefe Vorzüge, womit fie die Natur ausgerüftet, zu gebrauchen weifs, kann grofse ungewöhnliche wichtige Dinge ausrichten.

Es überwindet gewöhnlich den gröfsten Helden, und den ftärkften Wucherer, ja fogar den tiefften Gelehrten, wenn er fein Glas bey fich hat.

Wer weifs es nicht, dafs Herkules, der ganz allein mehr als ein Regiment in Abficht der Köpfe der Hyder mit eigner Hand erfchlagen, zulezt einem Frauenzimmer zu gefallen, fich masquirt und gefponnen hat.

Liebe kennt keinen Rang, kein Gefez! Kein Zureden der Philofophie, kein Verfichern des Verftandes vermag etwas über den erften Eindruk der Liebe.

Sie leidet keinen Käufer als sich selbst, sagt Schiller, sie ist der Diamant der entweder eingetauscht oder verscharrt bleiben muſs, spricht Wieland.

Liebe bewirkt und schaft alles — nur den Durst löscht sie nicht, und es scheint als ob Liebe und Wein zwey gleich starke Dinge sind, die nichts gegen einander auszurichten vermögen.

Es ist schändlich Männer zu überwinden und sich von ihren Weibern und Töchtern überwinden zu laſsen, sagte Alexander in Absicht der Gemahlin und Tochter des Darius, und ich halte dieſs für den gröſsten Sieg, den er jemals erfochten hat.

Alle Mädchen wiſsen, daſs sie schön sind, und auch die es nicht sind, glauben es zu seyn.

Kein Mann behält die Züge seines Angesichts, er läſst sich malen, allein er weiſs nie, ob er getroffen ist;

Ein Frauenzimmer hingegen weiſs es auf ein Haar!

Haben wir von ohngefähr einen Zug aus unſerm Geſichte behalten, ohne es zu wiſſen, ſo fühlen wir eine Art von Sympathie für diejenigen, die ihn auch haben, oder nur zu haben ſcheinen.

Diefs geht bis auf die Geſichtszüge, derer, die unſre Freunde geweſen ſind.

32.

Wieviel das Geſicht, das Fenſter der Seele, zur Freundſchaft und zur Geſelligkeit beyträgt, beweiſen Leute, deren Geſicht nicht gut iſt.

Dieſe haben die wenigſten Bekannten, und die Thüren ihrer Herzen ſind gemeiniglich, ſo wie ihre Fenſterläden beſtändig verſchloſsen,

Schön ist das Frauenzimmer an Seele
und Leib;

Allein

nur neidisch auf die Schönheiten des Leibes!

Es sieht gern eine schöne Seele. Es liebt
sie bey unserm, und erträgt sie bey seinem
Geschlechte;

Ein schönes haßt aber das schöne Mädchen.

Ein Stuzer, der in der Kunst, sich selbst
zu kennen, und sich auswendig zu behalten, vor dem Spiegel Unterricht nimmt,
und eine Ausnahme von der Regel macht,
geht einem Mädchen nach, die ihm ähnlich
ist, und das Mädchen flieht ihn; einem ge-
sezten ihm ähnlichen Manne hingegen, kömmt
es näher, und giebt ihm Aufmunterungen.

33.

. In Absicht auf ihr Geschlecht haben die Weiber nicht einmal eine Idee von Freundschaft!

Denn fie hafsen, wie gefagt, was fchön ift, und Einfpruch machen kann.

Dagegen lafsen fie aber den Schönheiten auf Marmor oder auf Leinwand Gerechtigkeit wiederfahren, wenn die Originale nur nicht in der Nähe — find.

Ein recht häfsliches Mädchen können fie leiden.

"Das Mädchen ift recht fchön" fagen fie dann; warum fie fo fagen — gewis, um keine Lobrede auf fich felbft zu halten.

Sie haben wider die ganze Mythologie keine Einwendung, aufser wider die Frau Venus, weil diefe — Frau Venus ift.

Weiber beurtheilen richtiger die Natur als die Schönheiten der Kunft, und in diefem Urtheile trügen fie fich weniger als wir.

Gefühl von Schildereyen, vom Ausdruk in der Tonkunft, nicht infofern es Kunst, sondern Natur verräth, gehört zu ihrem Gebiete.

Wir sind für die Nuzanwendung.

Der erste Gedanke, den man über eine Sache hat, den wir oft, wiewohl zuweilen ohne Urſache, ausſtreichen, iſt ihre Sache; Sie halten ihn für eine Art der Eingebung, und kennen ihn unter tauſend, wenn wir ihn gehabt haben, und ſagen

"artig"

wenn ſie ihn leſen.

Alles was zum Gebiete des blos Natürlichen gehört, iſt ihr Feld.

Auf Lehren hingegen, die in das transcendentale oder metaphyſiſche Fach gehören, ſollte das andere Geſchlecht Verzicht thun; und ſich blos auf moraliſche und die menſchliche Glükſeligkeit zunächſt treffende Dinge einſchränken.

Ein Weib ſchreibt beſſer als ein Mann:
allein zur Dichtkunſt, die jedesmal Schöpfung erfordert, ſcheint die Natur wenige
beruffen zu haben.

34.

Da die Natur das andere Geſchlecht zu
gefallen beſtimmt hat, ſo iſt es ihm erlaubt,
alles zu dieſem Zwek anzuwenden.

Selbſt ein ſchönes Mädchen mag ſich
puzen.

Ich kenne ein Frauenzimmer, die ihr gan-
zes Haus nach ihrem Geſichte einrichten
liefs: "So ſticht es ab bey der Ponceau -
Tapete" ſagte ſie, und es that beſſer, als
wenn es ſich geſchminkt hätte.

Die Schminke iſt die abſcheulichſte Erfin-
dung, die man nur nennen kann, weil ſie die
Schaamröthe dekt, die nach dem Morgen und
Abendroth das ſchönſte Roth in der Welt iſt.

Die Weißen sind eben darum bey weitem schöner als die Schwarzen.

Wer also die Schminke erfand, that denen einen Dienst, die Mühe haben zu erröthen.

Natur schreibt Männergesichter mit Fraktur, Weibergesichter mit Cursiv-Schrift.

Die Schminke löscht beyde aus!

Wir billigen hingegen, wie gesagt, die Verwendung des andern Geschlechts, seine Schönheit vortheilhaft zu zeigen.

Aber —

Mängel der Natur verbergen, beleidigt die Natur, ist Betrug und Hochverrath der Schöpfung!

Die geringste Kunst, die ein Frauenzimmer unmittelbar an seinem Körper anbringt, führt vom Wege der Natur auf die Straße der Galanterie.

Wir wechfeln fodann falfche Münze fogleich mit unrichtigem Gepräge aus, und
glauben den Betrug mit Betrug nicht nur
vergelten, fondern felbft diefe fträfliche
Vergeltung rechtfertigen, mindeftens entfchuldigen zu dürfen.

Diefe falfche fobenannte — Schönheit
läfst fich aber auch fehr leicht entdeken:
aber nun giebt es eine andere, meine Herren, bey welcher der Probierftein feltner ift.

Das andere Gefchlecht weifs befser als
wir fein Geficht in Gewalt zu behalten.

Seine Phyfiognomie ift daher eine weit un-
ficherere Hypothek, als die unfrige.

Es ift beständig auf der Bühne.

Die Rolle, die es am beften zu fpielen
glaubt, und auch würklich wohl am beften
trift, heifst Umgang.

Traue nie weiblichem Negligée!

Das Frauenzimmer verwendet eben deshalb, weil es weifs, dafs wir feinen Reiz darnach beurtheilen, die meifte Gefchiklichkeit darauf.

Dem Puz ift daher weit eher, als dem Negligeé zu trauen.

Auch die Krankheiten verdienen weder Treue noch Glauben. —

Sie wifsen mit Anftand — — zu erkranken, und krank oder kränklich zu bleiben.

Mit Anftand vermögen fie im Bette zu liegen, und ich wette, fie finnen darauf, fchön — zu fterben.

Der Schlaf ift nun vollends unficher, befonders wenn man von einer Mannsperfon träumt.

Und nun hier noch ein paar Worte über Mode felbft!

Wie wäre es meine Damen, *) wenn fie aus dem Dienfthaufe der Mode ins Land der Freyheit, aus der fclavifchen Nachahmung zur Originalität übergiengen?

Wenn nicht mehr eine Puzdespotie, die oft nur eine Theaterprinzefsin ift, dem ganzen an fich fchon fchönen Gefchlechte Modegefeze vorfchreiben dürfte, fondern jedes Frauenzimmer fich hier felbft zum Gefez würde?

Warum denn eine Uniform aufser dem Kriegsdienfte, der nicht ihre Sache ift?

Warum fclavifche Uebereinftimmung, da die Natur in allem fo unerfchöpflich abwechfelt?

---

*) Wann wird uns Vater Wieland, oder Lehrer Schiller diefs Wort einmal ins Teutfche übertragen? Immer noch *mes Dames* und *mes Dames* in Teutfchland.

Liegt nicht in jeder feinen Seele ein Bild
oder Vorbild von Vollkommenheit des Gei-
stes und Körpers? so wie des Herzens?

Diefs zu erreichen, möglichst zu erreichen, wie leicht den Engeln!

Von den männlichen Coquetten spreche
ich diefsmal kein Wörtchen.

Aufgefchoben ist nicht aufgehoben!

35.

Das Auge ist des Leibes Licht, sagt —
glaub ich Paulus, oder sonst ein anderer
ehrlicher Mann!

Jeder grofse Mann hat daher einen eige-
nen Blik: diefs Zeichen, das die Natur in
sein Angesicht legte, verdunkelt alle körper-
lichen Vorzüge.

Wer diefs Zeichen hat, weifs, dafs er
bezeichnet ist; allein er weifs selbst nicht

wo? denn nichts ift verfchiedener als dieſs Zeichen!

Monarchen haben auch einen Zug; allein diefen haben alle gemein, und man kann behaupten, dafs fie fich alle ähnlich find.

Die Würde, die fie bekleiden, drükt fich durchaus in ihrem Geficlte aus!

Ich rede von Alleinherrfchern, von Monarchen, die, ob fie gleich Diener des Staats find, fich dadurch von andern unterfcheiden, dafs fie wie die Kammerdiener nicht Livrey tragen dürfen: denn die Könige, die nicht Monarchen find, haben auch ihr Abzeichen.

Daher ift Blik und Miene einer Catharine, eines Wilhelms wieder erfindlich im Blik und in der Miene einer Elifabeth, eines Peters, und umgekehrt, wie mans nehmen will!

Das andere Gefchlecht führt feltner einen grofsen Blik; allein gewöhnlich viel

Schönes, Liebenswürdiges, ein gewißes Wohlwollen, eine gütige Theilnahme, Gefälligkeit und Anſtändigkeit.

36.

”Welch ein Buſen! um alles zu vergeſ-
fen: — ſagt Hans Jacob, und Hans Jacob
verſtand ſein Werk.

Mir ſcheints als ob ſelbſt die Natur den
Buſen für den ſchönſten Theil ihrer Schöpfung erklärt hat.

Warum? weil hier der Reiz mit Nuzen
verknüpft iſt!

Verdient aber Schönheit dieſen Nahmen,
wenn ſie aus dem Nuzen, den ſie gerades
Weges ſtiftet, ſo wenig ein Geheimniſs macht?

Allerdings! denn die Natur will nichts
für ſchön ausgeben, hat nichts Schönes gemacht, was unabhängig von Nuzen wäre,
und blos als ein Gegenſtand eines allge-

meinen nothwendigen Wohlgefallens er-
kannt würde.

Gern überläſst sie der Kunſt dieſe un-
nüze Arbeit — sie will durch nichts das Auge weiden, und das Herz erfreuen, das
nicht auch seines Vortheils wegen intereſsirt;
ja sie geht noch weiter.

In je gröſserer Anzahl das Schöne Ideen
von Nuzen enthält und giebt; in je kürze-
rer Zeit und jemehr auf einmal uns dieſe
Menge von nüzlichen Ideen einſtrahlt; deſto
schöner dünkt uns die Sache — die Natur
mag keinen Körper ohne Seele — und will
dem Müſsiggange kein böſes Beyſpiel
geben :

Es iſt in der That schön, in einem allgemeinen Saze alles zu überſehen, und ſich
an alles zu erinnern was es enthält; und auf
der Höhe eines Grundprincips giebt es eine
so herrliche Seelen - Ausſicht, daſs jeder

Ausdruk zu fchwach ift, diefe Wonne zu
malen oder zu bezeichnen!

37.

"Schönheit, fagt Anacharfis der jüngere,
wenn er von körperlicher Schönheit redet;
Schönheit, fagt er, gehört auf dem Lande
zu Haufe."

Der Meinung bin ich nicht!

An Höfen und in gröfsen Städten findet
man die fchönften Mädchen!

Denn alles, was im ganzen Lande fchön
ift, ziehet dahin, um fich vortheilhafter an-
zubringen als in der Provinz.

Die Natur hätte, wenn fie eine Bilder-
gällerie anlegen wollen, ihren Schauplaz
nirgends anders, als an dem Hofe wählen
können, und man könnte fagen, fie hälte
an den Höfen eine Mufterkarte von ihren
fchönen Formen, wenn fie nicht alles ein-

fältig und aufrichtig machte, und man dort nicht so viele Künste suchte.

Uebrigens ist der Fall möglich, daß das Frauenzimmer eines ganzen Landes häfslich, die Mannsperfonen dagegen schön seyn können; denn wenn gleich reines gesundes Blut der wahre Grund körperlicher Schönheit ist, so behaupten doch Seele und Denkart auf die Schönheit einen unverkennbaren Einfluss, und die Sclaverey ist im Stande, das schöne Geschlecht eines ganzen Staates zum häfslichen zu machen.

38.

Es verräth wahres Volk- und Sittenverderbnifs, wenn das Urtheil des andern, unferm Geschlechte gleichgültig ist.

Je tapferer und je gefitteter ein Volk war, desto mehr ehrte es die Weiber.

Es war ein Mifogyn, der uns hoch und theuer verficherte, es fey am Weibe nichts

Charakter, fondern alles Laune; felbft ihre
Liebe, ihre Wolluft fey verfezt mit dem
Gifte der Gefallfucht?

Aber — fchaut doch auf die männliche
Coquette, die ich vorher übergieng!

Gehören Launen nicht auch bey uns zu
Haufe, und ringen wir nicht recht darnach,
zu gefallen?

Wer gefallen will, ftrebt nach Herr-
fchaft! und wollen wir diefe nicht?

Die Befchuldigung, dafs die Frauenzimmer ehemals lüderliche Mannsperfonen gewefen wären, die ich Mäfter Home auch
am Stix nicht vergeben werde, kann man
mit ftrenger Wahrheit durch die Behaup-
tung widerlegen und umdrehen, dafs die
Mannsperfonen die fchlechteften unter dem
andern Gefchlechte gewefen feyn müfsen.

39.

Man sage nicht, daſs selten jemand galan-
ter gegen das andere Geschlecht als Homer
gehandelt habe, indem er seine Penelope
so tugendreich schildert, und auch andere
ihres Geschlechts mit recht edler herzli-
cher Gesinnung ausstattet. Wären auch dieſe Abbildungen nicht nach dem Leben angelegt, und historisch richtige Charaktere;
sind es nicht poetisch wahrscheinliche Um-
riſse? und werden wohl viele unserer Damen und Herren mit diesen Gesichtern zufrieden seyn, da ihnen die Feinheit unserer Zeit mangelt, wo wir uns vielmehr phy-
sische und sittliche Bedürfnisse und Men-
schensazungen auferlegt haben, die Homer,
welcher weit näher an die Natur gränzte,
zu seinem und zu seiner weiblichen und
männlichen Schildereyen Glük nicht kannte?

Unsere Damen haben die Glorie verlohren, aber den Nimbus behalten:

Wir lernen den Geſchmak von Weibern, die Weiber von andern Weibern, und nicht von uns!

. Sie kleiden ſich eigentlich nicht für uns, ſondern für das Frauenzimmer.

Weiber verbleichen zeitiger als wir, wenn gleich das menſchliche Leben überhaupt eine Blume auf dem Felde iſt, und Schakeſpear, der blumenreiche Menſchenkenner und Menſchentreffer ſagt wirklich: Weiber ſind Roſen; in eben der Stunde, da ſie ihre Blüthe ganz entfalten, fallen ſie auch ſchon wieder ab.

Ich rede von körperlicher Schönheit *mes Dames!*

. Ihre Moral iſt dauernd wie die Ewigkeit.

40.

Mich dünkt, daß die Galanterie in Italien, wo man jezt nur, um ein Haus zu hal-

ten, heyrathet, insbefondere daher entftehen,
dafs die Mädchen aus dem Klofter in die
grofse Welt kommen.

Man mufs die Eitelkeiten der Welt kennen, wenn man fie verachten will.

Sehen und hören giebt keine Erfahrung:
aber befragen und getäufcht werden, wo wir
achteten, liebten, verehrten, anbeteten, das
giebt Weltbürgerfinn und Menfchenkunde.

Auguftinus dachte in feiner Jugend nicht
an feine *civitatem Dei*, und Leute, die
weit in der Welt gewefen find, wohnen
ohne Anftand auf dem Lande.

Wenn ein Mädchen das nichtswürdige
Gaukeln eines ftuzerifchen Marktfchreyers
nur einigemal angehört hat, fo fehnt es
fich nach einem befsern Schaufpiele; hat
es diefe Gaukeleyen zu hören keine Gelegenheit gehabt, fo glaubt es vielerley bey
ihr zu finden.

Schöne reizende Mädchen sind *a vista*, gute artige *a ufo* gestellt.

Ein aufrichtiges und häßliches Mädchen verdient mehr öffentliche Aufmerkſamkeit und Achtung, als eine ſchöne Heuchlerin!

Eine Heuchlerin ſchweift entweder mit der Seele oder mit dem Körper aus, und wird hinfolglich eine Buhl- oder Betſchweſter.

Nichts iſt abſcheulicher als — nun was denn? — als ein weiblicher Freygeiſt, ein Frauenzimmer, das wider ihre Kirche ſpricht!

Ein kleiner Aberglaube kleidet dagegen!

Geläuterte Begriffe ihrer Religion ſind eine Wiſſenſchaft, die ihr unſere höchſte vollendete Achtung, oft — Verehrung erwerben.

Alle Frauenzimmer haben aber einen Hang zur Freydenkerey.

Grofse Geifter öfters zur Bigotterie in der Religion, in der fie geboren find.

Je gröfser man denkt, je geneigter ift man an dem zu zweifeln, was mittelmäfsige Köpfe glauben, und das für wahr zu halten, was der gemeine Mann glaubt.

Der Adel geht fchlecht, auch der Landmann.

Der hohe und der niedere Bürger kleiden fich gewöhnlich prächtig.

Beyde wollen einander übertreffen.

Die Pracht bleibt: allein der Bürger wählt Kanten, wenn er Kaufmann, und Broderie, wenn er Gelehrter ift.

Der Officiant trägt Trefsen.

41.

Männerköpfe, die nahe an die gröfsten gränzen, find geheime Spötter.

Die auf eben dieser Bank ganz unten si-
zen, und den mittelmäßigen Köpfen so
nahe sind, wie jene den großen, sehen die
Religion als ein paar Stiefeln oder Hand-
schuh an, die man nur bey schlechtem
Wetter oder im Winter braucht.

Große Köpfe als — — die wider die
Religion geschrieben, haben es gegen ihre
Ueberzeugung gethan.

Man kann, was man auch dagegen reden und streiten mag, dennoch als richtig
annehmen, daß — große Männer Gespen-
ster glauben, oder doch sich davor fürchten.

Paradox mag dieser Saz immer scheinen;
aber die Hand auf's Herz, große Männer,
und — — ich bin vor euch gerechtfertigt.

42.

Kein großer Kopf kann addiren.

Die andern Species gehen besser. — Ver-
rechnet ists aber schlechterdings immer.

Wer in feiner Jugend ein Rechenmeifter
ift, wird fein Lebelang kein Erfinder!

Newton, Kopernikus, Cartefius, Kant
und Leibniz, und wenn ich nur reden dürfte, kein — — können alle nicht addiren!

Gott im Himmel lerne doch addiren!
Sela!

43.

Alles was fchön ift, fagt ich, gehört
zum Gebiete des Frauenzimmers, alfo auch
Der Wiz!

Ein Einfall ift daher bey ihnen baare
Münze; und das Gelächter an der Tafel
beftimmt den Gehalt.

Gewöhnlich fizen daher auch die Weiber, wo — die Spötter fizen: allein mes Dames, welch ein Feld bleibt ihnen an unferm
liebenswürdigen Gefchlechte offen, ohne
dafs fie der Religion und felbft den Vor-

höfen derselben zu nahe treten dürfen!

Witz ist überhaupt nur ein Sommerkleid.

Wahrheit kann man aber zu allen Jah-
reszeiten brauchen!

44.

Ich glaube, dafs es die Weiber in Er-
lernung der Sprachen ungleich weiter bringen würden als wir.

Sie fangen aber mit ihrem Bruder zu
gleicher Zeit an, und das ist beynahe zu
spät.

Weiber reden alle gern.

Ein grofser Mann ist still — bis er ge-
fragt wird.

Selbst ein Mann, der nur Fähigkeiten
hat, lernt in einer Gesellschaft lieber Vo
cabeln, als dafs er sich unterhalten sollte
und könnte!

Seele und Körper können schlechterdings nicht zu gleicher Zeit verdauen!

Man tadelt Leute, die bey Tische lesen;
allein wenn sie leichte Sachen lesen, so kann
es weniger schaden in jeglichem Betrachte,
als wenn ein Genie — zuviel bey Tische
spricht.

Der Wein begeistert es, und es mattet
sich unvermerkt und sehr natürlich ab.

Die Seele ist außer sich, und der Schlaf
selbst macht keine Pause.

Denn eine in Feuer gesezte Seele läfst
den Körper nicht ruhen.

Sie träumt nach Gedanken, nur Schade,
es fällt alles auf schlechtes Land und bringt
keine Früchte!

Das Gedächtnifs ist am schwächsten, wenn
Urtheilskraft und Wiz Wettrennen halten.

Ein Genie sät Gedanken.

D

Mittelmäfsige Köpfe, die mft zu Tifche
fizen, fangen manches Korn auf, bedüngen
es, und bringen Früchte hervor, die, kaum
geboren, wieder den Weg alles Fleifches
gehen.

Einem Genie fehlt, fo oft es zum reden
angefeuert wird, ein Buchhalter der Gedanken.

Wehe dem Manne, der alles kennen
will! mit rechten Dingen kann das nicht
zugehen.

Metallurgie, Chymie, Jurisprudenz, Theo-
logie, Politik find wefentlich unterfchie-
den im Grundftoffe — und niemand vermag
das Weltmeer zu ertiefen.

Worüber befehlen Sie, dafs ich fchreiben foll — ich bin mit meiner Wifsen-
fchaft nicht karg — Philofophie — Moral —
Wechfelfyftem — Pädagogik — Dichtung —
Sie können felbft wählen, fagt der gelehrte

Schmierer, und befchimpft feinen Nahmen
um ein paar elende Thaler, die ihm der
Verleger in Furcht und Zittern der Dinge,
die da kommen follen, fehr ungern ausbezahlt.
Gott bewahre dich vor feinen Experimenten!

Kurz und gut, wer viel fpricht, kann
nicht immer gut fprechen, und wer viel
fchreibt, kann nicht gut fchreiben, wenn
er auch könnte. —

Aber zu unferm Thema zurük. — 'Man
kann annehmen, dafs jedes Weib, das nicht
fpricht, dumm ift!

45.

Kein Frauenzimmer kann einen Brief
ohne Poftfcript fchreiben.

Es hat fich kurz gefafst, wenn es mit
zweyen abkommt, und laconifch, wenn nur
eins erfcheint.

Gut, fagte Gräfin von S. — zu W. —
in deren Gegenwart ich mir diefe Anmerkung erlaubte, gut fagte Sie, ich werde
Ihnen fchreiben, und mein Brief foll Sie gewis widerlegen.

Ich war neugierig; allein nach ihrer
Nahmensunterfchrift kam die Frage: ift das
nicht würklich ein Brief ohne Poftfcript?
und dann noch: wer hat nun verlohren,
ich oder Sie?

Mit der Entfchuldigung, in gröfster Eil,
pflegen fie den längften Brief zu beendigen.

46.

Selbft Leidenfchaft — und fogar die
Leidenfchaften, die uns den Mund binden,
fcheinen die Weiber nicht ftumm zu machen.

Ihr Schmerz ift fogar beredt!

Bald, fchreibt Fräulein Augufte, bald
werd' ich nicht mehr feyn! ich vergebe

dem Ungetreuen! möchte ihm doch auch Gott felbft vergeben!

Ich weine über ihn taufend Thränen, und fo viel ich Urfach hätte, ihn zu verachten, fo fehr wünfchte ich doch — bedauern Sie mich — in feinem Arm zu fterben.

Sie werden diefen Brief nicht lefen.

Es rinnt alles in einander. Vielleicht der lezte Brief, den ich an Sie fchreibe!

Wenn Sie mir antworten, vergefsen Sie ja nicht mir zu berichten: ob ich die Spizen für den abgemachten Preifs erhalten kann? Auch meinen Halsfchmuk wünfche ich zu erhalten, denn der Jouwelier wird den Stein wahrfcheinlich fefter eingefezt haben.

Wir haben fchlechtes Wetter! Gott fey meiner armen Seele gnädig und barmherzig!

So geht es auch mit weiblichem Zorne!

Auch bey den zärtlichſten Empfindungen
der Liebe ſprechen ſie einſylbig.

Zu ſeufzen ſchämen ſie ſich, und doch
iſt es ihre Sache!

Wir aber ſchämen uns zu weinen, und
ſeufzen lieber, obgleich nichts unanſtändi-
gers iſt, als das Seufzen unſers Geſchlechts!

Thränen ſind, wenn es für tragiſch ſeyn
ſoll, männlich genug; Seufzer weiblich!

Man wird ſich über die Seufzer eines
Mannes kaum des Lachens enthalten können.

Sieh ihn aber weinen, gleich haſt du
Thränen in den Augen, als ob das ganze
Geſchlecht mitweinen ſollte!

Die Thräne des Mannes iſt ein Scherf-
lein, das er dem Gefühle zum Opfer dar-
bringt.

Wenn aber Weiber weinen, ſo erſchö-
pfen ſie ihren Vorrath ſo wenig — daſs ſie

sich vielmehr bey diesen reichlichen Gaben gar nicht angreiffen dürfen.

Und — was der Verschwender giebt, hat keinen Werth, weil es ihm wenig oder nichts kostet!

47.

Sonst pflegen die, welche langsam sprechen, ihre Gedanken scharf im Zaume zu halten, seltener zu fallen, und noch seltener Schaden zu nehmen.

Denken, und dem Gedanken unterliegen, weil man keine Worte finden kann ihn darzustellen, ob es gleich oft scheint, als zittere er auf den Lippen, ist die Art des Weibes!

Reden ohne etwas zu sagen, ist Hofmanier.

Sagen was man weiss, die Art gutherziger Menschen und der Kinder.

Mehr zu fagen als man weifs, kennt und verfteht, ift den Thoren und fchlechten Schriftftellern eigen.

Der Weife fagt felten was er gethan hat, und nie was er thun will.

Er ift immer ohne Vorrede.

Der Gek fagt was er gethan hat, auch was er thun will, und möchte.

Man kann nach allen bey ihm fragen, wie bey den fünf und fechs Gulden Bogen Scribenten, nichts fehlt in feinem Laden.

Er fchreibt über die egyptifche Finfter- nifs und über Apocalipfe, wenn du es nur verlangft.

Alles ift in Quantitäten bey ihm zu ha- ben, wenn du nur fo gut bift, dich über die Qualität hinaus zu fezen.

48.

Männliche Aufmerkfamkeit ift verfchie- den geftimmt. Wir verfallen bald auf die-

ſes bald auf jenes, das uns mehr oder minder intereſsirt, wenn wir Menſchen betrachten.

Das andere Geſchlecht richtet ſein Au-
genmerk gewöhnlich auf den ganzen Umriſs
des Menſchen.

Will man aus der Mitte der Weiber
Zeugen über dieſen oder jenen Geſichtszug
und andere Details? Dieſe Kleinigkeit haben ſie überſehen.

Will man den Menſchen in Lebensgröſse,
wie er lebt und webt, ganz mit allen Quali-
Quanti - und Nuditäten — da iſt er!

Daſs ſie in den Gegenſtand, worüber ſie
ein Zeugniſs ablegen müſsen, ſo wenig als
Wir von Gottes Gnade &c. verliebt ſeyn
müſsen, verſteht ſich von ſelbſt!

Unſere Rükerinnerungen an eine und
eben dieſelbe Sache, ſind nach Lage der
Sache und Umſtände gleichmäſsig verſchie-
den.

Weiber weichen weniger von einander
ab, und eine Zeugenzufammenftellung findet
weit feltner bey ihnen ftatt.

Zu Hypothefen find fie aufserordentlich
geneigt.

Wenn wir uns über eine Erfcheinung
lieber gar nicht, als unrichtig erklären, fö
thun und find fie fo wenig verlegen, wie fie
es find; fie behalten nichts zurük, was ihnen einfällt, ohne fich zu bekümmern, es
treffe oder gelinge nicht!

Ihre edle, gutmüthige Treuherzigkeit
führt fie auch daher auf manche Erklärung
und Entdekung fogar, die unferm Auge verborgen bleibt!

Die Epifoden in ihren Erzählungen zer-
ftreuen wenigftens immer auf eine fehr an-
genehme Weife, wenn fie auch die Sache
nicht immer anfchaulicher darftellen!

Oft find fie furchtfamer in vielen Stüken, und oft aber dreifter als das männliche Ge- fchlecht.

Ihre Hauptgefchäfte find in und aus dem Cabinette und negociirt, nicht aber in freyen offenem Felde erfochten.

Des Todes Bitterkeit erleichtern fie uns und fich felbft gar fehr.

Die andre Welt interefsirt fie weniger als uns — ob fie gleich mehr Religion be- fizen: vielleicht weil wir mehr geiftiges Vergnügen kennen oder zu kennen glau- ben — und weil wir uns die Ehre geben, auf unfere Exiftenz einen gröfsern Accént zu legen.

Der Tod der 'Weiber ift in der Regel ein Schlaf:

Warum follt ich es verheelen, aus fehr natürlichen, fehr wichtigen Gründen!

Sie haben weniger auf ihrem Herzen
und Gewissen, und wer den Tod zuerst
Schlaf nannte, nahm dieß passende Bild von
einem sterbenden Weibe!

49.

Aber die Verstellung der Weiber —

Freylich sind sie in dieser freyen Kunst
nicht unerfahren; gab es denn aber je so
grosse Schauspielerinnen, wie Gärrik, Baron
Eckhof und Voscius?

Vom Tiberius — wohl gemerkt — vom
Tiberius — von keiner Tiberia, heißt es:
die Kräfte des Körpers verliefsen ihn, nicht
aber die Verstellung.

50.

In Schriften über Freyheit und Inde-
pendenz wissen wir zwar mehr hineinzule-
gen, weil wir auf Schulen verschwenden, auf
Academien und im Geschäftsleben.

. Die Weiber aber treffen den wahren
und ächten Sinn; fie kommen nicht leicht
auf eine allegorifche Deutung, da wir hingegen zu cabaliftifchen Auslegungen nicht
ungeneigt find.

Wir bedürfen mehr Unterricht als das
andere Gefchlecht, das gefchikter ift als
wir, fich felbft zu erziehen.

Wenn wir faft überall eine Art von Offenbahrung brauchen, fo hält jenes Gefchlecht
fich weit lieber am Licht der Natur.

Gewis wird es uns zu feiner Zeit einho-
len; allein nie werden wir es alsdann zu
erreichen im Stande feyn.

51.

Selten thut ein Weib, als wüfste es mehr
als es gefagt hat.

Es mag keine Gemeinfprüche aus al-
lerley Zungen und Sprachen, keine ele-

gante Phrafen und Floskeln; alles was es
weifs hat es auf der Zunge.

52.

Weiber ftehlen Herzen und nichts mehr.

Wir rauben oft — fehr liftig und me-
thodifch.

Sie fangen was fie lernen von vorne an.

Wir machen es wie einige Gelehrte, die
alles durchblättern, durchlauffen, durchfprin-
gen!

Vielleicht find wir eben darum auf andere Ideen, Wege und Gedanken gebracht.

Man kennt und nimmt uns, wenn wir
es fo wollen, nicht ahnden und verdienen!

Bey den Weibern ift, was fie inne haben, eifern!

Wir arbeiten mehr, allein wir thun weniger als fie!

Wenn wir es mit ihnen auf olympifcher Laufbahn aufnähmen — ich wette, fie würden überall ohnausnahmlich Vorfprünge behaupten!

Wir find fehr geneigt, Müken zu fäugen und Kameele zu verfchluken —

Das andere Gefchlecht wird feltner die kluge Mittelftrafse verfehlen!

Unfere Regeln hinken wie ein Gleichnifs, die ihrigen find gegründeter und fefter!

Wir zünden oft das Licht an beyden Fäden an.

Sie bleiben lieber im Finftern, als dafs fie fo unökonomifch zu Werke gehen follten!

Weibern ift Gelächter und Lachen ein untrüglicher Probierftein der Wahrheit.

Wir fuchen nach diefem Stein der Wahrheit!

Wir find dem Machiavel ähnlich, den felbft
Fridrich der Zweyte, der Seher, im Ernft
widerlegt; dem Machiavel, von dem man
lange nicht wufste, ob es fein Ernft oder
fein höflicher angenehmer füfser Scherz
fey?

53.

Man fagt, fie wären zu abgezogenen
Gedanken ungefchikter!

Ich zweifle fehr!

Gründe?

Wie manchen Goliath von Syftem tra-
fen fie mit einem Schneeball, und er fiel
tod zur Erde!

Ihre Bemühungen nur find inconfequen-
ter, ihr Gefchlecht hält weniger zufammen.

Kann es das aber wohl in feiner Lage?
Und wen trift denn wohl diefer Vorwurf?—

Aber unser Geschlecht! ey freylich meine beyde Herren *vis a vis* zu Regensburg! unser Geschlecht — welch ein Schwur war dem unauflöslich? — welch eine Verbindung und Verbrüderung fest und heilig?

War es nicht Judas, der seinen Herrn und Meister für dreyssig Silberlinge verrieth und verkaufte?

Wars nicht Rousseau, der den Apoll vergeudete, um eines academischen Preises halber?

O wir sind schöne liebe Engel, vortrefliche theure Heilige wir!

Es liegt mir ausser meinem Zwek, hier noch mehr Beweise aufzustellen, dass sich unser Geschlecht wegen Treue und Glauben nicht sehr berühmt gemacht hat. — Ein andermal im dritten Bändchen bey der Anwendung etwas Niederschlagendes darüber!

E

. Nie wird ein feſtes Band zu Stande kommen, wenn nicht Männer und Weiber im
Bunde ſind.

Man nehme zum handgreiflichen Beweis —
Maurerey und Brüdergemeine.

54.

Weibertugend, Weiberkeuſchheit gehört
nicht hieher.

Es liegt auſſer dieſem Elemente!

Aber doch ein paar Worte.

Wahre Weibertugend iſt die höchſte Tugend der Natur.

Verbeſſert die bürgerliche Verfaſſung,
und dieſe nicht gewöhnliche Roſe wird allgemein duften.

Schiller läſt der Poſa ihre Würde ſin-
gen.

Was ſoll ich drüber ſtümpern?

Jungfraufchaft ift der May im Jahre.

Sie ift die Blüthe am Baum, der Morgen am Tage; alles was fchön ift und frifch vermag nichts dagegen!

Ein Mädchen ift in Gefahr in eben dem Augenblike, da es das Wort nur ausfpricht, diefen Schaz zu verliehren. Das ift aber auch alles, was ich darüber weifs und gelernt habe! —

55.

Trau dem Manne nicht, der verächtlich von weiblicher Tugend fpricht — denn es giebt Rofenwäldchen in deren Umkraife nicht jeder Wind geweht hat — es giebt Weiber, die mehr gelten als klingen!

Trau dem Weibe aber noch weniger, die männliche Tugend bezweifelt — die Kupplerin ift unverkennbar.

Verzeihlicher ift es, das ganze Juden-
thum der Wucherfucht und der Immorali-
tät zu befchuldigen, felbft verzeihlich, fein
einmal gefältes Urtheil nicht eher, als nach
folenner Ueberzeugung des Gegentheils zurük zu nehmen.

56.

Weiber verzeihen leichter als Männer!

Nur keine förmliche Ausföhnungs-
Scene!

Denn bey unfern patentirten Vorurthei-
len ift diefe Ausföhnung das einzige Mittel,
es nur noch ärger zu machen.

Wer ein Mädchen um Verzeihung bittet, wenn er es geküfst hat, erhält keine.

Allein wenn er noch einmal küfst —
verfteht fich, wie es Delicateffe will und

Discretion befiehlt, *) — wird er eher Verzeihung erhalten!

· Die Steknadeln, mit denen sich das andere Geschlecht verschanzt, halten keinen Sturm aus.

Sie haben diese Fortification vom Rosenstrauche erlernt:

Rosen werden indefs gepflükt, und so gehts auch hier.

Sie schlagen Chamade, wenn der Ritter Ritterpflicht und Sittlichkeit übt, wenn er die Gränzen der weiblichen Würde unverlezt erhält, und Achtung erzwingt.

Sie sind in diesen Fällen selbst ohne Sturm und sogar gern erobert!

---

*) Delicatefse und Discretion — Zartheit und Befcheidenheit — Sittlichkeit und Anftand — erreicht den Galicismus immer noch nicht?

57.

Weiber haben mehr Originalität als wir.

Selten sind sie Copien, und selbst ihre Zierereyen führen ein origineles Gepräge.

Bey einer Ueberfezung verdampft immer etwas vom Urgeiste, und darf ich mir die Erlaubnifs nehmen, den Unterfchied von Original und Ueberfezung hier in Anwendung zu bringen?

Bey den Befchreibungen der Weiber ist uns oft wohler, als im Zuftande felbft!

Das Unangenehme, das Körperliche, das Schwere fällt weg.

Es ist hier blos vom Geiftigen die Rede, was wir uns hier mit gefammleter Seele zur Empfindung hinauf adeln lafsen.

Das Rührende felbft mufs aus voller Seele kommen, und nicht in überdachten Gefinnungen beftehen, wenn es feinen wahren ächten unbedingten Werth behalten foll.

Siehe da — alfo erlaubte Mittel, dem
Vergnügen neue Reize zu geben, bey dem
wir, die Sache genau erwogen, von mehr
als einer Seite gewinnen.

58.

Hoffen ift eine grofse Stüze des andern
Gefchlechts.

Hofnung, ihr Talismann im Ungemach!

Eine grofse Freude, nach ihrer Philofophie, der Vorbote einer Hiobspoft, eine
gewifse Bangigkeit ein Zeichen einer fro-
hen Begebenheit.

Was nicht mit Muth, Luft und Liebe —
oft wird auch Lift hinzugefezt —
angefangen wird, geht den Krebsgang, fagen fie.

Und wenn auch zuweilen zu grofser Muth
und Liebe in der Cafse bleibt — — wagen gewinnt — wagen verliehrt;

entfchuldigen fie fich.

59.

Wir fehlen oft aus leicht zu überwin-
dender Unwißenheit, und das ift nicht viel
beßer, als Böfes thun. Und wer nicht ift,
was er feyn kann, hält fich felbft zum Beften!

60.

Es ift lächerlich, wenn ein Mädchen ihr
Gefchlecht verläugnet!

Unter dem Panier der Heucheley und
der Gefchlechts - Unkunde fcharmuciren; ift
gefährlich.

Wer Leidenfchaften vernünftig behan-
deln will, mufs fie der Ehre, dem Herzen
und dem Gefühl unterordnen! und fo wenig der Zorn das erfezen kann, was uns an
Kräften abgeht, eben fo wenig wird ein
Mädchen durch Zwang und Scheinheiligkeit
bey einem Menfchenkenner gewinnen!

Es giebt Redner, denen ihre Rede
nicht auf den Leib gemacht ift, und eine

fromme Ziererey, eine Miene, die zu verfichern fcheint, das liebe Kind wüfste den
unheiligen Umftand, dafs es zweyerley Ge-
fchlechter giebt, nicht anders, als aus der
heiligen Schrift, ift unausftehlicher, als
wenn ein unbefangenes Mädchen felbft über
Verordnung der beforgten Frau Mutter hei-
ter und fröhlich ift.

61.

Die meiften Gefchenke, welche die Natur ihren Lieblingen zuwirft, find noch nicht
betagte Documente und Schuldbriefe, die
nur über eine lange Zeit fällig find!

Es find Pränumerations-Scheine über
Sachen, die erft nach langer Zeit heraus-
kommen.

Hieher gehören unbedenklich der Mut-
terwiz und das Augenmaafs.

Wer Augenmaafs hat, befizt einen zu
allen Gefchiklichkeiten fähigen Körper.

Ein Mutterwiziger hingegen, eine solche Seele.

Die Schönheit hingegen ist ein Geschenk der Natur, das in einem fälligen oder betagten Wechsel besteht, der sogleich ohne weiters anerkannt und paar bezahlt wird.

Solche Wechsel kommen daher äußerst selten mit Protest zurük.

Doch aber geht es mit der Schönheit, wie mit dem Schwerdte; wer es nicht zu brauchen weiß, beschädigt sich selbst.

Ist aber ein schönes Mädchen spröde — so schrekt es ab, ist es nicht spröde, so trauen die Herren seiner Tugend nicht!

Helfen Sie uns doch hier aus der Sache, meine Herren — auf einen Mittelweg!

Ein schönes Mädchen, das sich ihr Schön-seyn nicht merken läßt, erhält hierdurch

noch einen höhern Grad von Schönheit,
vielleicht den möglichst höchsten!

Die Schönheit, sagt indeſs ein philoſo-
phiſcher Dichter, wohnt im Auge des Lie-
benden, nicht in dem Auge, nicht auf der
Wange des Mädchens!

Wie wahr!

Die Schönheit iſt keine dem Dinge ankle-
bende Leidenſchaft, woran das Auge ſchmau-
ſet, wenn der Magen völlig befriedigt iſt!

Güte des Herzens, ein milder Geſichtszug und tauſend andere Dinge erſezen die
Schönheit!

Und

ſo wenig dieſe Texte zu meinem Troſte ſo
ſchlecht ſind, daſs ſie nicht irgendwozu
dienen ſollten —

ſo wenig

iſt das ſchöne Geſchlecht, auch nur
eine Einzige, völlig ohne Reiz!

Wuchern Sie daher mit diesem Pfunde, ohne jedoch übertriebene Zinsen zu ver- langen.

Denn so viel geben Sie mir schon gütig zu:

dass ihre Umstände von der Seite nicht die besten sind, und dass sie sich nicht wie Capitalistinnen führen können.

Eine schöne Hand auf Laute, Flügel und Harmonika hat indess schon oft das schönste Gesicht übertroffen:

Ein niedlicher Fuss im Tanz, schon oft das liebenswürdigste Auge verdunkelt!

Einem vollen Busen — — kann nichts widerstehen:

Ein Mädchen, das völlig frey ist, und einem Feldblümchen gleicht, blühet für je- den Wanderer, der Lust hat zu stehen, und sie anzusehen.

Hat es einen Liebhaber, fo kann man es mit einer Blume in einem verzäunten Garten vergleichen, und feinem Liebhaber ftehet nach allem Rechte das Gartenrecht zu!

Hat es aber ernfthaft einen Einzigen, fo blüht es gar im Zimmer im Blumentopfe, und der Geruch felbft eignet und gebührt nur diefem Einzigen.

Wie aber fchon gefagt, kein Mädchen ift häfslich; und wenn es eines geben follte, welches diefem Vorwurf nahe käme, fo glaube ich doch, dafs, wenn fein kleines Talent wohl angewendet wird, das, was wir häfslich nennen, völlig überfehen werden kann!

62.

Es kann den Schönen zur Warnung, den minder Schönen zum Trofte dienen, dafs Paris zwar der Schönheit den Apfel gab, allein dafs die fchöne Helena auch viel Unheil verurfacht hat.

Wahr ifts und unwiderlegbar, dafs das schöne Geschlecht in Verhältnifs zu dem unsrigen kränklich ift und schwächlich.

Wahr, dafs es täglich ftirbt.

Aber das alles ift es feines Geschlechtes wegen, und wir find es unfers Geschlechtes wegen nicht fo fehr.

Ift das aber erworbener Vorzug?

Und warum machen wir es nicht gefund?

Ein ihnen angemeffener Antheil an Staatsgefchäften würde hier fehr wefentliche Dienfte thun.

Sie würden gefund werden zur halben Stunde.

Haltet den fähigften Jüngling
    wie ein Kind
er wird nie die Kinderfchuhe ausziehen, er wird alles Gute und Böfe vom Kinderleben beybehalten.

Entlaſst aber den kleinen Herkules aus
der väterlichen Gewalt, und er wird ſich in
kurzem als ein Mann zeigen.

63.

Ich rathe dem ſchönen Geſchlechte, ehe
die Zeit ihrer Entlaſsung kömmt, wohlmei-
nend, wenn ſie gleich nach unſerer Ver-
faſsung noch keine

Activbürger

ſind, und ſeyn können, ſich dennoch als
ächte

Paſsivbürger

zu beweiſen, und auch in Egypten nicht,
ja nicht zu vergeſsen:

daſs ihre Beſtimmung die Beſtimmung
des Menſchen, des edlen Menſchen iſt

und daſs ſie bey ihrer beſondern Beſtimmung
als Staats - Paſsivbürgerinnen

ſich zu offenbahren — — die häuffigſten
Gelegenheiten haben,

65.

Schon hab' ich das fchöne Gefchlecht
wegen der es niederfchlagenden Verhält-
niſse zur bürgerlichen Gefellfchaft innigſt
beklagt, nach welchen es ſich in einem fo
abhänglichen Zuſtande befindet, daſs der
Staat mit ihm nur durch die Männer redet,
wie Gott durch Moſen mit dem iſraeliti-
fchen Volke, ja, daſs der Staat felbſt nicht
ein moralifcher M e n f c h, fondern ein moralifcher M a n n zu feyn fcheint.

Jener Bandit fagte zu feinen Kameraden:
der Auftrag geht auf zwey Menfchen,
oder wenn du lieber willſt, auf an-
derthalb, auf einen Mann und ein
Weib!

Diefs iſt ein Banditenurtheil, das ſich
niemand, der nicht auf Mord ausgeht, zu
Schulden kommen laſsen follte: es wäre
denn, um einen Cathederfcherz auszulafsen,

oder in einer mächtigen Diſſertation auf klöſterliche Art zu beweiſen:

daſs Weiber keine Menſchen ſind.

Oder:

daſs ſie nicht in den Himmel kommen, weil nach der Offenbahrung Johannis eine Stille war im Himmel von einer halben Stunde, welche die Weiber unmöglich hälten können.

65.

Die Zeit der Erlöſung iſt nahe.

Man ſinnt ſchon auf Mittel, jenen, ſo ſchimpflich als läſtigen, in aller Art aber unverdienten, und vor dem Falle nicht geweſenen Druk zu heben.

Schon fangen ſie ja ſelbſt an, ſich von den Banden zu befreyen, womit ſie unzeitige Bedürfniſse, Eroberungsſucht und Eitelkeit bisher oft feſſelten.

F

Fleiſs, Seelen - und Körper - Arbeit, die
ihrem Geſchlechte ſo eigen ſind, **werden ſie**
ſtärken, kräftigen und gründen.

Dieſs der Anfang ihrerſeits:

66.

Selbſtbewuſstſeyn dieſes ihres hohen mo-
ralen Werthes, dieſer ihrer eignen Beſtimmung, dieſer mit uns gleicher Rechte
bezeichnet ſich im Auge eines jeden Weibes.

Sie führt ein unverkennbares Gepräge.

Dieſs Selbſtbewuſstſeyn kleidet beſer
als Alles, und verhilft zu einer Schönheit,
welche weder Mode, noch ſelbſt eignes
Raffinement geben kann, und welche das
Geſchenk einer ſtrengen Beobachtung ſeiner
ſelbſt, und der daraus erfolgten allerwich-
tigſten Abſtractionen und Reſultate iſt.

Die Natur beehrte uns Menſchen eben
dadurch ſo höchlich, daſs ſie uns nichts

aufdrang, fondern alles überließ, und der
König der Erde ift auch König über fich!

Nicht fie follte das andere Gefchlecht,
es follte fich felbft fchön machen.

Es giebt Frauenzimmer, die, wenn man
fo fagen darf, wegen ihrer natürlichen ein-
leuchtenden Schönheit, ein allgemeines In-
tereffe haben; allein der Eindruk, den fie
machen, ift nur kurz.

Sie überfallen nur, fie nehmen nicht ein.

Es giebt alfo aufser der Naturgefchiklich-
keit noch eine andere, die bey weitem jene
übertrift: und diefe legt, kraft der Unfchuld,
der Schönheit eine Dáuer bey, die felbft
Krankheit nicht zerftören kann.

Helena entzükte noch in Jahren, von
denen es in Italien fo gut wie in Teutfchland und in Frankreich heifst:

fie gefallen uns nicht;

und fo giebt es einen Anzug, der mit dem Geficht und dem übrigen Körper in einer fo edlen Harmonie fteht, dafs er fich mit jedem Geflichtszuge und jeder Gebärde fo zu fagen vermifcht, und fo individuel zu feyn fcheint, dafs es das Anfehen hat, als fey er mit der Perfon, die ihn zu wählen verfteht, zugleich zur Welt gekommen.

Diefer ftimmt dennoch in den Hauptftüken mit der eigentlichen Nationaltracht überein, die durchaus keine fclavifche Uebereinftimmung feyn mufs, fondern fich nach Klima und Nationalcharaêter, nicht aber nach dem, was in Paris die Lofung ift, richten darf und mufs.

Ich bin, wenn nur der Ausdruk von Sittfamkeit und Ordnung dadurch nicht verfehlt wird, und alles *medice* und *modice* eingerichtet ift, nicht dagegen, dafs die fchönen Stellen und Verhältnisse des Körpers bescheiden bezeichnet werden.

Es hat sich unter den Menschen überall ein gewisses Ceremonielgesez, ein gewisses stillschweigendes Uebereinkommen in Rüksicht des äufsern eingeführt und geltend gemacht, welches ihnen oft heiliger ist, als das Sittengesez.

Hier muſs das schöne Geschlecht durchaus keine Neuerung und keinen Geniezug wagen!

Man wird aber auch selten, oder vielmehr nie finden, daſs ein einziges Frauenzimmer in der Mode die erste ist.

Sie beredet sich wenigstens mit noch einer andern, wenn das Band anstatt links nunmehro rechts angestekt werden soll.

Wohlanständigkeit übertrift jegliche, alle, alle Schönheit.

Frauenzimmer find wie ein heller Spiegel, der auch von dem geringften Hauche
anläuft.

Sie können fich durch nichts als die
alleräufserfte Strenge mit dem Publikum
abfinden, und ein Frauenzimmer darf das
oft nicht einmal fagen, was ein auch
felbft ehrbarer Mann ganz unbedenklich
thun kann.

So hat zum Beyfpiel eine Dame, wenn
fie belohnt oder befchenkt, mehr als wir
zu überlegen.

Geld kann fie nie unmittelbar fchenken.

67.

Die Feindin der Wohlanftändigkeit, als
des Palladiums der Tugend, und auch die
Widerfacherin der Schönheit ift

    die Mode,

die mit einem eifernen Scepter regiert, und
die freyefte Nation zur Sclavin macht.

Wenn fie gleich in Freyftaaten einigen Widerftand findet, fo fpielt fie doch über kurz oder lang auch hier den Meifter.

So nimmt England, mit der ganzen übrigen gefitteten Welt in Modeangelegenheiten Refcripte an.

Wenn Sie mir verfprechen, es mit meinen Kunftrichtern auszugleichen, meine Damen, fo will ich wohl bewirken, dafs die Mode eine Uniform zu Stande bringt, wodurch unfere Damen, wie von einem, und unfere junge Herren wie vom andern Regimente ausfehen: eine Uniform, wodurch man feine Geftalt nicht zu heben, und angenehmer zu machen bedacht ift, fondern wodurch man nur beweifen kann: man gehöre zur grofsen Welt, und wifse, diefs oder das fey Trumpf drinne.

Diefe Art zu leben, macht, dafs man geehrt wird, nicht weil man etwas Ehrenwer-

thes gethan hat, ſondern weil man zur
Anzahl derer gehört, die ſich das Wort gegeben haben, ſich unter einander zu ehren.

Aber macht dieſe Ehre dem, welcher ſie
erweiſt, oder dem, welchem ſie erwieſen
wird, wohl Ehre?

Was thun aber dieſe wichtige Umſtände zur Sache?

Die Mode iſt über alles!

Sie gebietet im Leben und im Sterben.

Selbſt bis in die andere Welt weiſs ſie
ja durch ihre wohlerworbene Seligſprechung
ihr Anſehen zu behaupten.

Schade aber, daſs man ſich auf dieſe
Weiſe alle Gelegenheit verdirbt, Geſchmak
zu haben, und ihn zu zeigen!

Denn der Spielraum, den uns die Mode
übrig läſst, iſt äuſerſt klein — ungefähr ſo
viel, als den Gefangenen vergönnt iſt, fri-

sche Luft zu schöpfen, und sich Bewegung
zu machen!

Aber um alles in der Welt, wissen, nü-
zen, gebrauchen Sie diesen Spielraum, bis
man allgemein einsehen lernt:

Welche Tyrannin die Mode ist.

Verachten Sie die nicht, welche sich die
edle Freyheit nehmen, in Kleinigkeiten
dieser Despotin zu widersprechen.

Suchen Sie durch ein 'ihrem Engels-
gesichtchen angemessenes Band, und durch
andere Mitteldinge ein paar Hinterthüren
offen zu halten, bis Sie es öffentlich wagen
dürfen, die Unfehlbarkeit dieses päbstlichen
Stuhles zu bezweifeln.

Allen Modegesezen, die dem Wohlstan-
de zu nahe treten, und Blössen geben, widerstehen Sie mit Hand und Fuss — und —
es wird Ihnen redlich, hoch vergol-
ten werden.

Bleiben Sie überhaupt nur der Natur bis
in den Tod getreu:

Der Schimmer der Kunst, so sehr er auch
ins Auge fällt, kann sie nicht zu jener hohen, wahren Würde. erheben,

die Ihnen eignet und gebührt.

68.

Ein türkischer Gesandte gab auf die Frage:

wie ihm die Damen am Hofe gefielen?
zur Antwort:

ich bin kein Kenner von Gemälden!

Auch jene Gelehrsamkeit, mittelst deren
unser Geschlecht sein Glük' oder Unglük
macht, alle jene kopfbrechende Cultur, durch
die man sich einen Nahmen erringt, der über
alle menschliche Nahmen ist, und die sich
vorzüglich

durch Schriftstellerey

äußert, ist wenigstens fürs Erste noch nicht
ihre lohnbringende Sache.

Dagegen giebt es für Sie Kenntnisse, die weniger glänzen als nützlich sind.

Sehen Sie nicht mehr die Sonne im Dichter, sondern in der Natur aufgehen!

Vergefsen Sie über die Triller und Lau-fer des Sängers, der Ihnen eine kunftreiche Arie gurgelt, nicht die Nachtigall.

Suchen Sie alles, was Sie lernen, in Be-zug auf unser liebenswürdiges Gefchlecht praktifch zu berechnen.

Sie dürfen in der That nicht aufhören, fchön zu feyn, um zu gefallen.

Auch glauben Sie es ja felbft nicht, dafs Schulverftand der Gipfel menfchlichen Wif-fens fey, da fie durch Lebensweisheit fo oft über alle Schulgelehrfamkeit fiegen.

Warum wollen Sie
durch folche Hypochondrie
jenen Umgang verftimmen, der durch Sie, durch Ihre Vermittelung fo wohl lautet?

Ihnen stehet das liebe, schöne, belohnende Gebirg der Grazien offen.

Die Grazie muſs sich zur Grazie gesellen, wenn sie nicht verkannt seyn will:

Man kann von Ihnen sagen, daſs sie das Ebenbild und der Abglanz der Natur sind.

Sagen, daſs man in Ihnen, wenn Sie nicht Kunst suchen, die Natur leibhaftig zu sehen die schmeichelhafte Ehre hat.

Ich weiſs nicht, ob es immer, wie Swift sagt, eine sichere Regel ist, daſs von dem vorzüglichsten Prediger des Orts am meisten, von der vorzüglichsten Frau am wenigsten, und von dem vorzüglichsten Mädchen nie ohne Achtung gesprochen wird.

Das aber weiſs ich wohl, daſs jener Verstand, den man angenehm und liebreich nennen könnte, den man weniger aus Büchern als aus der Erfahrung lernt, den man

ohne Umſtände in Worte und Handlungen
umſezen, und in Umlauf bringen kann, und
von dem ein Lehrer neuerer Zeit behaup-
tet, daſs man nichts von ihm zu ſagen
wiſse, weil man niemals weder mehr noch
weniger davon bey andern antreffe, als bey
ſich ſelbſt, daſs dieſs der eigentliche Verſtand des ſchönen Geſchlechts iſt.

Nicht Ihr Hauptbuch, ſondern ihre
ganze Bibliothek iſt die Natur:

Vermittelſt ihrer leſen Sie weit ſicherer
Menſchen, als wir.

Sie leſen den gröſsten Gelehrten, ſobald
er aus ſeiner Studierſtube geht, und unter
Menſchen erſcheint, ohne alle Furcht, die
unſer Geſchlecht bey dergleichen Männern,
ehe wir ſie näher kennen lernen, beſonders,
wenn ſie nicht wizig ſind, und ihren Wiz
nicht leuchten oder ſpielen laſsen vor den
Leuten, weit eher anwandelt:

69.

Da fie wohl wifsen, dafs auch Helden ihnen huldigen, und felbft der Generalfeld-marfchall Herkules aus Liebe zu ihnen fpann, dafs Niemand zu widerftehen im Stande ift, und wenn er auch widerftehen wollte, einen Naturfehler verrathen, und mehr verlieren als gewinnen würde: fo ge-hen fie den Helden und den Gelehrten mit einer fo liebens - als achtungswürdigen Un-befangenheit entgegen.

Nur der edle tugendhafte Mann ift in ihren Augen von Bedeutung, und nur für ihn haben fie reine Ehrerbietung und Ach-tung.

Sie verftehen immer was fie fagen, den fie bemühen fich, alle ihre Gedanken auf Worte zu bringen, worin fie eine auffer-ordentliche Leichtigkeit befizen, die ge-

wöhnlich mit Kraft und Nachdruk verbun-
den ift.

Die Griechen machten die Wiſſenſchaft
gemein.

Die Aegyptier verbargen ſie.

Das andere Geſchlecht ift in dieſer Be-
ziehung gebohrne Griechinnen.

Es ift dazu beftimmt, das höchſte Loofs
im Ausdruk zu ziehen, und Dinge durch
Worte zu verſinnlichen, wo der eigentliche
Gelehrte nur Geiſter erſcheinen laſſen kann.

Allem haucht ihr eine lebendige Seele
ein!

Wer euch hört und klug ift,
merkt auf euch!

Die erſten Worte und die erſten Gedanken über eine Sache, zu denen wir, wie
ich ſchon bemerkte, kein Zutrauen haben,
ſind, wenn ſie das Ehrenwerk eures Kopfes

und Herzens find, ein wahres Schazkäftlein, weil ihr einfach, edel und natürlich zu denken, und euch fo auszudrüken gewohnt feyd, und weil ihr alles Aufgeblafene und Verwikelte hafst.

Wohl ihnen, dafs fie alles Wifsen, wenn es nicht zum Thun gebracht werden kann, für offenbares Stükwerk halten.

Wohl ihnen, dafs fie nur alsdann (mit fich zufrieden find, (wenn ihr etwas befser bewirken könnt, als ihr es zu fagen im Stande waret, das heifst:) wenn ihr mehr thut, als fagt.

Ihr Spielraum zum Thun ift von der Art, dafs ihr durchaus mehr dabey fprechen müfst, als unfer Gefchlecht, und ich übernehme es euch zu vertheidigen, wenn man euch des Zuvielfprechens befchuldigt.

Auf einen einzigen Stuzer gehen in der Regel höchftens zwei Mädchen.

Und wenn man mir den Pöbel vor-
rükt, ſo erwiedre ich, daſs es ſelbſt bey ihm
ſehr oft nur der Drang iſt, thätig ſeyn zu
wollen.

Bey Leuten dieſer Art kommen Worte
den Handlungen ſehr nahe; und in Walr-
heit in Hinſicht der Folgen können Worte
Handlungen leicht übertreffen, ſo daſs die
Verantwortung für jedes ſchädliche Wort
ſehr gerecht iſt.

Darf ich bey dieſer Verantwortung und
Gelegenheit bitten und dahin antragen:

    Jeden Buchſtaben fein ordentlich und
    deutlich auszuſprechen, und ſich nicht
    durch das k oder wohl gar einen min-
    der harten Buchſtaben abſchreken zu
    laſsen.

Vielleicht — gewiſs bringt dieſs Beyſpiel
manchen affeƐtirenden Mann auf beſsere Gedanken.

         G

Auch verlange ich nicht, dafs das fchöne Gefchlecht ein domicianifches Vergnügen darin finden foll, Müken tod zu fchlagen.

Allein — wenn es geftochen wird von einer fo unverfchämten — Müke — machen Sie keine Umftände — vielleicht helfen Sie dadurch manchen Empfindler und Süsling zu — Kräften.

70.

Männer fterben fürs Vaterland

Weiber leben fürs Vaterland.

Jene zerftören durch Krieg — und ungeprüfte Plane Familien und Völker,

Weiber erhalten fie.

Wenn Weiber ihre Verhältnifse fo verftehen wolten, wie oft wir — dem Staate — was wäre wohl fchon aus der ganzen gefitteten Welt geworden?

Die meiſten izigen Handarbeiten der Frauenzimmer beſchäftigen es ſo wenig, daſs Staatsarbeiten, wobey man gemeiniglich

    auch bey der angeblichen unerweisli-
chen groſsen Anſtrengung doch noch immer den halben Kopf über Land laſſen darf, wie bewährte Staatsgeſchäfts-
männer behaupten wollen

ihnen ſehr willkommen ſeyn werden —
wenn die Zeit erfüllt iſt!

Aus tauſend mündlichen Aeuſſerungen, aus tauſend wörtlichen Beweiſen, aus ein-
zelnen Handlungen läſst ſich kein Mann be-
urtheilen.

In leidenſchaftlichen Lagen, bey un-
erwarteten Nachrichten, beſonders wenn ſie Glük bringen, kann man Menſchen oft mit einem Blik überſehen, und eben darum hü-
ten ſich kluge, vernünftige Menſchen ſehr, ſich in ſolchen Lagen zu zeigen.

71.

Das andere Gefchlecht fchäzt Muth, Fe-
ftigkeit und Standhaftigkeit an dem unfrigen
fehr.

Ein Frauenzimmer nimmt es nicht übel,
wenn man feinetwegen

mit Ehren

in Welt - politifch - oder moralifche Händel
geräth!

Ich nehme geübte Buhlerinnen und überhaupt

die Heefe des Gefchlechts

überall aus, die zwifchen Männern, wenn
diefe fich den Hals brechen wollen, eigends
Frieden ftiften, weil fie mehr als eines ge-
horfamften Verehrers bedürfen.

Diefer Antheil an Entfchlofenheit, Kraft
und Muth, ift verzeihlich!

Ein Gefchlecht, das fich felbft nicht vertheidigen kann und foll, wird es in der

Regel mit Leuten halten, die entſchloſ-
ſen ſind.

Aber Entſchloſsenheit und Muth iſt keine
Tochter des Luxus und des Wohllebens.

Wohlleben ſchwächt den Muth!

Von jeher waren Soldaten, die ſich mit
ſchlechter Koſt behalfen, die tapferſten.

Sie hielten nichts auf ihr Leben!

Warum hätten ſie durch Reiz von Speiſe
und Trank den Körper verwöhnen ſollen,
den ſie ſo gern fürs Vaterland aufzuopfern
bereit waren, um die Krone des Lebens oder
den Nachruhm ſich zu erſiegen, des Helden-
lebens oder des Heldentodes fürs Vaterland
und für Recht würdig und werth geweſen
zu ſeyn.

Jezt wo es bey manchen Armeen Anfüh-
rer giebt, denen Lucullus es nicht abſchla-

gen würde, wenn fie ihn eingeladen hätten
bey einer

Lagermahlzeit

Gaſt zu feyn; jezt wo mancher Feldherr
jener wahren Heldenzeit die gewöhnliche
Feldkoſt eines gemeinen Soldaten als ein
Siegesmahl anfehen, und an feinen Tifch
eine Feſtmahlzeit zu halten glauben würde;
jezt muſs man

    damit ich mich auf eine gute Art aus
    der Sache ziehe

leben — und leben lafsen.

Den verzärtelten Feinden, die es bey
ihrer Kriegesrüſtung zum erſten Gefeze
machen

    herrlich zu leben und in Freuden,

denen Proviantwägen mit Weinkellern,
Früchten, gebakenen und gebratenen Thie-
ren folgen, denen es fogar, wie den vor-
maligen geweſenen Franzofen nicht einmal

an einer Saabifiſchen Feldbibliothek fehlt,
dieſen Feinden muſs der lezte Tropfen
Muth verſiegen, wenn ſie

ſich gegen über

ein auf bloſse Nothwendigkeiten reducirtes
Heer erbliken, und ihnen ſelbſt die Hofnung

ſich zu bereichern

als die lezte Ausſicht ſchwindet, wodurch
auch wohl verwöhnte Menſchen auf einen
Augenblik zu einer Art von Muth gebracht
werden können.

Den geizigen Feind loken nur Schäze,
und dem weiblichen wird die kleine Gefahr
den Weg nicht vertreten, um nach kurzer
Ungemächlichkeit in deſto gröſserm Maaſse
genieſsen zu können.

So lange aber die Beſtimmung der Weiber in nichts weiter beſteht, als

unſer — Leben — fröhlicher — und
herrlicher — zu machen —

so lange an weisem Gebrauche der Kräfte,
welche die Natur ihnen gab, so wenig ge-
dacht wird, dafs man vielmehr diese Kräfte
in Ohnmachten zu verwandeln bemüht ist;
so lange wir die Weiber so nehmen, wie
gemeine Leute die Sterne am Himmel —

die ihnen blos als kleine Laternen und
Frösche vorkommen

muß ihr Einfluß auf kriegerische Ta-
pferkeit und Muth höchst unbedeutend
bleiben :

72.

Zweifels ohne befinden sich die Damen
übel — wenn sie sich mit der Empfindungs-
melodie begnügen und sich des Textes be-
geben müssen.

Sie sind dann, oder scheinen zufrieden, dafs wir nur so thun als empfän-
den wir.

Sie verſtellen ſich — und vergeben —
können es oft auch —

nachdem die Umſtände ſind
leiden, wenn auch wir uns verſtellen.

Stolz — böſes Herz — und böſe Ge-
wohnheit:

Darf ich bey dieſer Gelegenheit des
franzöſiſchen Helden Richelieu in Ehren
gedenken, der, als er von ſeinen Liebes-
ſiegen erſchöpft war, die Eitelkeit hatte,
ſeinen ledigen Wagen an alle die Thüren der galanten Damen zu ſenden, denen er in geſunden Tagen aufzuwarten die
Ehre hatte.

Und
darf ich
zu meiner Belehrung
die Unwiſſenheit bemerken :

ob ihm oder den Damen dieſer ledige
Wagen eher zu verzeihen war.

73.

Weiber ziehen das Land oft dem Stadt-
leben um deswillen vor, weil fie hier mehr

sich felbft

leben können.

Auch glaube ich, dafs fie hier über ihre
eigne Verbefserung brüten und grübeln.

Pläne und Leidenfchaften gehören auf
dem lieben Lande zu Haufe.

Hier entfpringen fie gern, und kommen
zur Reife.

In der Stadt entkräftet ein Trieb den
andern, ein Gedanke den andern, und man
ift nicht kalt, nicht warm.

Man drükt fich artig und fein aus, weil
man alle Augenblike ftudieren mufs, der
Sache eine Wendung zu geben, und auch da
etwas befonders zu finden

wo gar nichts als

etwas fehr alltägliches

zu fuchen — und zu finden ift.

Eine Dame über fechzig findet man hier
in der Blüthe ihrer Jahre, und den Grafen
mit dem Sterne für einen fehr artigen wizi-
gen Mann!

Man erfindet in groffen Orten Kleider
und Worte; und diefe beyden Dinge find
gegeneinander in einem folchen Verhältnifs,
dafs ein guter Ausdruk im gemeinen Leben
ein fchönes Kleid zum voraus fezt.

Selten wird ein Menfch in einem zerrif-
fenen Kleide fich gut ausdrüken.

In der Einfamkeit auf dem Lande denkt
man!

"Es gehört eine gefunde Seele dazu"
fagt ein Weltweifer und ein Menfch "wenn

man den Reiz des Landlebens in allem Be-
tracht geniefsen will.

Es ift einerley mit dem, was Juvenal und
die chriftliche Gemeinde fingen.

Eine unverlezte Seele, und ein reines Ge-
wifsen! Allein ich füge noch hinzu, dafs
auch der Cörper gefund feyn mufs!

Hofpitäler und Aerzte gehören in Städte, wo unter fieben das eine fchon Hofpi-
tal ift, ob es gleich kein Abzeichen hat.

Soll ich es kurz wiederhohlen, fo find
groffe Städte für Liebende ein Fegfeuer,
für Edeldenkende ein Gafthof, für Ignoran-
ten ein Theater, für Philofophen ein Lei-
chenhaus, für Wizlinge ein Hörfaal und
für die Aerzte ein Pefthaus

oder eine Fundgrube!

Daher meine Damen feyn fie fröhlich
und guter Dinge in ihrer Einfamkeit!

74.

Zwischen Einsamkeit und Eingezogenheit ist indefs ein sehr wesentlicher Unter-
schied.

Eingezogenheit darf ums Himmels willen
nicht klösterlich seyn.

Kloster ist Zwangs - Natur!

Man muss die Welt kennen, und wenn
man darin auch nur eine kleine Rolle spie-
len wollte.

Weiber haben nicht nöthig die Augen
und den Blik niederzuschlagen!

Der feurige Busch ihres Wizes wird einem jeden die Pflicht auflegen, sich auch
mit Ehrerbietung zu nähern.

Nicht der ist ein guter Wirth, der ver-
schwendet, oder der geizig ist, sondern bey
dem man einfach und edel aufgenommen
wird.

Daher muſs man ſeinen

Wiz und gute Laune

möglichſt-öconomiſch benuzen.

Ich weiſs wohl, daſs ſie mit Liebesräth-
ſeln, die wir uns kaum ſelbſt auflöſen wollen
und können, bekannt ſind; daſs euch auch
der beſcheidenſte Gedanke, der uns nur an-
ſäuſelt: wie wär es? — nicht unverhohlen
bleibt; daſs ihr das Liebesgeſtändniſs

ſelbſt des Stoikers

errathet, wenn er gleich nicht blos ſeinen
Lippen, ſondern auch ſeinen in Eidespflicht
genommenen Gedanken einen weiſen Zaum
und Gebiſs angelegt hat.

Vergebens wird ſich der Quäker verſtellen und über die lezten Zeiten ſeufzen;
ihr wiſst es auf ein Haar, daſs dieſer Seufzer euch betraf, und der Geiſt der Liebe,
der Schuzgeiſt des ſchönen Geſchlechts, ent-

dekt euch dergleichen Dämmerung der Gedanken von ferne.

Immerhin lafst diefe Gedanken nicht
zollfrey.

Immerhin legt der Verfchwiegenen ihre
Erklärung näher, immer näher.

Warum wollen fie aber Leute ängftigen,
die fie fo herzlich verehren, und ihnen diefe
Achtung und Verehrung fo ohne allen Rük-
halt entdeken.

Schlagen fie ihnen jede Hofnung
auf eine edle Art
fchlagen fie fie ihnen fchnell ab, wenn fie,
nicht begünftigen können, oder wollen.

Wer bald giebt, giebt doppelt!

Wer bald abfchlägt, erweifst eine Wohlthat, auch wenn er verfagt.

Wer nicht zu geben verfteht, eh' man
bittet, ift ein ungerechter Haushalter.

Und in der That, fie befizen die Gabe
in vollem Maafse, es fo einzulenken, dafs
der, dem fie abfchlagen wollten, gewifs nie
in die Verlegenheit kommen wird — zu
bitten. — —

75.

Wer viel Freunde hat, hat eigentlich
keinen, wohl aber viel Neider.

Das Weib beurtheilt den Mann oft nach
dem Werth, worin er bey Männern fteht.

Wein und Weiber arbeiten einander
treflich in die Hände, wenn man es auf
Entdekung und Auswitterung männlicher
Schwachheiten anlegt, und auf dem ge-
wöhnlichen Wege, im allgemeinen Geleife
abgewiefen worden ift.

Wenn dann öfters die Hand unfers Gefchlechts nur

wie von ohngefähr

berührt wird, fpringen fogleich Fünkchen

und Funken bis zur Flamme heraus, und
das Spizchen des kleinen Fingers macht uns,
um cörperlich zu reden — über und über —
elektrifch.

Das ift oft eine fehr intricate Lage.

76.

Man fagt vom Waffer
 es fey am beften, wenn man von ihm
 weiter nichts weder zum Lobe noch
 zum Tadel anführen könne:

 als dafs es gut fey.

Wer von einem Weibe zu viel Gutes
fpricht, fchadet öfter mehr, als wenn er ihr
Böfes nachredet.

Wahrer Beyfall, edles Lob, uneigen-
nüzige Achtung ift ftumm.

Tiraden find Symptome der Schmei-
cheley.

H

77.

Die Weiber leiden, wir — bedauern.

Wir find — — Sie — — — werden.

Ehre für uns, wenn wir fagten, auch ich bin ein Menfch, und alles was menfchlich ift — kann und mag ich nicht verläugnen.

Anders aber — wenn wir einft zu diefer Erklärung gezwungen werden.

Die Mufik zu diefem Texte wird für uns alsdann nicht die angenehmfte feyn.

Mufik — des andern Gefchlecht ift fanft — die Inftrumente, die es fpielt oder in Schuz nimmt — müfsen eben fo feyn, wenn fie die weibliche Natur begleiten follen.

Ein fchreyendes Inftrument fpielen, würfeln, an der Pharao Bank fizen, Tabak rauchen — ift beynahe gleich unanftändig.

Die Vokal-Mufik ift die Mufik des andern, des fchönen, des feineren Gefchlechts:

Sie find felbft Melodie:

Es war ein grofser Mann, und wenn ich
nicht irre, Herr Ariftoteles: der auf die
Frage:

was er von der Mufik halte?
zur Antwort gab:

dafs Jupiter weder finge noch fpiele.

Nun war Herr Ariftoteles freylich kein
Jupiter, aber Jupiter dafür auch kein — Ariftoteles.

Als Themiftokles erfucht ward, auf der
Cither zu fpielen, erwiederte er: fpielen
kann ich nicht, wohl aber aus einem kleinen Staat, einer kleinen Stadt eine grofse
machen!

Wirklich aber find einige fanfte Inftrumente nicht für uns!

78.

Der Schmerz der Weiber verdient unfere
Beobachtung und Nachahmung.

Er ift rechter Art, denn — auch der reinfte, höchfte fällt etwas ins Komifche.

Faft möchte man fagen, er fey ohne diefen Zug verdächtig.

Wer fich im Schmerze nicht vergifst, kennt den Schmerz nicht, und ift nicht betrübt.

Jeder Ausbruch von Leidenfchaft giebt dem Wize Blöfsen.

Leidenfchaften gehen immer über die Schnur.

Daher thut man wohl, fich bey einem aufserordentlichen Glüks - oder Unglüksfall eine Zeitlang, wo möglich, einheimifch zu halten, bis die liebe Sonne fich geneigt hat.

Es ift leichter Schmerz, als Freude zu ertragen.

Vom Schmerz ift meines Wifsens fo leicht Niemand, am wenigften aber urplözlich geftorben;

Wohl aber von heftiger, unerwarteter, uns ganz unvermutheter Freude.

Die unruhigen Bewegungen unfers Her- zens bedürfen durchaus eine Mäfsigung, wenn nicht alles Zartgefühl höchft unanftän- dig beleidigt werden foll.

79.

Weibern find die Gefeze der Natur hei- liger, ehrwürdiger und theurer als die — des Landes.

Es giebt Unanftändigkeiten

philofophiren fie

die, ob fie gleich von der Gefezgebung nicht einmal zur Randglofse gewürdigt werden, oft mehr erniedrigen, wenn man fie begeht, als die Uebertretung eines halben Kapitels im Gefezbuche.

Sie glauben, dafs deren Vermeidung mehr Ehre gebe, als zehn gehaltene Kapitel zu gewähren im Stande feyn könnten.

Wer die Geſeze des Landes hält und achtet, iſt ein Bürger!

Wer die Geſeze der Natur auffucht, beobachtet und ſchäzt, iſt ein Menſch!

Wer mehr thut, iſt ein Menſch in erhabenerm Verſtande.

Wer ſich ſelbſt überwindet, iſt — ein Held.

80.

Weiber beſtehen beynahe in allen Verhältniſſen des Lebens auf ſoliden beſtimmten Erklärungen.

Sie laſſen keine Zweideutigkeiten durch, wenn ſie anders nicht wollen.

Sie mögen kein Mifsverſtändnifs.

Wir thun wohl hier zu gehorchen.

So würde es mich unendlich kränken, wenn ich der guten Laune auch nur mit einer einzigen Sylbe zu nahe getreten wäre.

Klingendes Spiel und fliehende Fahnen
erregen Aufmerkſamkeit, und es giebt Leute,
die nicht taub, allein unbeſchnitten an Ohren ſind, mit denen man nicht leiſe, ſondern
laut ſprechen muſs, wenn ſie hören ſollen —
und wollen.

81.

– Allerliebſt : das ſchöne Geſchlecht ſchreibt
flugs auf die Rechnung des Scherzes, was
ihm mifsfällt.

Wir würden wohl thun, uns dieſe Philo-
ſophie zur eignen zu machen.

Unſere Moralität müſste dabey gewinnen.

Weiber glauben, daſs alles, was natürlich iſt, nicht ſchändlich ſeyn kann.

Sie laſsen wachſen, wie Natur will, und
halten ihre Bäume nicht unter der Scheere.

Demohnerachtet aber ſind ſie überzeugt
von der Nothwendigkeit, nach welcher man
hier und dort Aeſte, wo nicht abzuſchnei-

den, doch fo zurükzubiegen im Stande ift,
dafs man den Eigenfinn des Gefträuches zu
brechen vermag, und die liebe Natur auch
felbft gegen die Imagination ihres mit Vernunft begabten Lieblings zu rechtfertigen
und ihre Bahnen zu eröfnen im Stande bleibt.

Regeln find und bleiben Interpretationen, wo die Natur dunkel ift.

Wolte der Himmel, es fände eine le-
gale Interpretation ftatt, und wir könnten
fie von diefer

Alleinherrfcherin

erhalten.

Jezt aber, da unfere Interpretationen do-
ctrinal find, folten wir wahrhaftig nicht fo
ftreng feyn.

Denn — wenn man auch gleich ein Fen-
fterchen aufmacht, fo bleibt man doch im
Zimmer.

82.

Weiber wifsen recht gut, dafs zwischen
d e n k e n und f a g e n faft eben fo ein
Unterfchied ift, wie zwischen w i f s e n und
t h u n.

Wer einen Fehler am Geficlte hat, deren es ohnediefs nach ihrer Meinung eine
grofse Menge geben foll, pflegt defto bef-
fere Ohren zu haben.

Dagegen vergeben fie gern der Fehlbarkeit.

Ein kleines Steinchen
    fagen fie
macht ja nicht gleich das Wafser trübe,
und wie mich dünkt, ift es fchon ein Ver-
dienft — fagte Gr. v..... nach dem Ziele
zu werfen, wenn man es auch nicht trift.

83.

Ift man nicht ein halber Erfinder, fagte
M a d a m e K a l l i e n nach feinem bekann-

ten Siege, wenn man zum Glüke die Erfindung gegeben?

Und gewifs

hat derjenige einen Antheil am neuen Gebäude, der das alte Gothifche abgerifsen, wenn er auch gleich nicht einmal in den moralifch, phyfifch und intellectuellen Umftänden war

allen Schutt wegzubringen.

Ift es gleich bey weitem nicht fo gut Porcellan als Gold zu machen — fo kann man doch fchon zufrieden feyn, wenn man auf dem Wege zum Golde Porcellan findet?

So viel wird mir wenigftens jeder Ehrenmann zugeftehen, dafs fich alles fehr fchwer — und nur — fophiftifch widerlegen läfst.

84.

Menfchen - Bürger - und Vaterlandsliebe
ift der Puls der Natur!

Ohne bürgerliche Verbefserung des andern Gefchlechts wird er immer unrichtig fchlagen.

Die Liebkofungen des andern Gefchlechts gegen das unfere find **hingegen** fo wenig ein Moment

als

die Galanterie unfers gegen das fchöne Ge⸗fchlecht.

Diefe **follen, können** und **werden** daher nie aufhören, weil die Natur fie felbft beftätigt hat.

Die Natur felbft alfo fcheint der Galanterie zugethan zu feyn, fo lange man bey diefer Galanterie den Weg des Verderbens verfehlt.

Das was man „mit Wohlgefallen efsen und trinken nennt„ heifst auch Galanterie in der Liebe und im Umgange mit dem fchönen Gefchlechte.

Solche Galanterien

führen gutes Herz und Edelmuth im Schilde.

Und wenn gleich jene

stolze Weisheit, die sich beständig ge-
rade hält, und sich nicht die Mühe
nimmt Kopf oder Knie zu beugen,
ihr nicht das Wort redet,

so wird sich doch kein Vernünftiger davon
ausschliefsen oder davon entfernen.

Auch die Seele, und oft nur die Seele,
will beschäftigt und getändelt seyn.

Natürliche Galanterie ist indefsen him-
melweit von derjenigen unterschieden, die
izt die Welt beherrscht, und ich wünschte
sehr, dafs die leztere, mit allem was ihr an-
hängt

auf ewig verbannt würde.

Dienen müfsen, und dienen wollen, ist
schon sehr verschieden, und wenn das schöne Geschlecht zu jenen ihm bis izt so un-

gebührlich entzogenen Rechten, wonach es am ersten zu trachten hat, gelangt,

so wird ihm das andere alles von selbst zufallen.

85.

Man wird uns bald mit unsern eigennützigen Ziererreyen, Scherzen und Schmeicheleyen verachten!

Man wird diese elende Convenienz bald für den unbarmherzigsten Zöllner erklären, so dass kein Tyrann härtere Abgaben verlangen kann, als er.

Man wird den Schmeichlern der Art bald ganz unbefangen in die Augen sagen, dass sie ihre Gemeinplätze in einem höchst verderbten Cirkel unter dem verdächtigen Theile des andern Geschlechts gemacht haben, und dass sie edleren Frauenzimmern durch das Mistrauen, womit sie sich ihm in allen Ver-

hältnifsen nähern, mehr als durch ihre ra-
fchen Urtheile zu nahe treten.

Man wird bald aus der Quelle fchöpfen,
wovon fich jeder überzeugen kann, der nur
die Güte haben will, das Wafser mit einem
reinen Gefäfse aufzufangen.

So wie es Romane giebt, welche auf eine
edlere Art als durch Romanenwunder und
durch fonderbare verwikelte Begebenheiten
zu befchäftigen wifsen, fo wird auch die
zweite Hälfte des menfchlichen Gefchlechts
bey genauer Prüfung der Umftände hoffent-
lich gern ihr gegenwärtiges Nichts der eit-
len Ehre gegen den Vorzug der wahren
umfezen, und unter andern auch
Empfindungen,
diefe Blumen ohne Wurzel, die heute
ftehen und morgen fchon fallen, gern gegen Grundfäze vertaufchen, die gleich Bäu-
men dem Wind und Wetter trozen.

In diefer Rükficht werden zu einem
Räumlein auf Toiletten auch folche Schriftfteller gelangen, die fich nicht blos begnügen, jene Empfindungen einzureden, fondern
die in Empfindungen zu fezen wifsen, und
ihren Lefern und Leferinnen blos Worte
vorfchiefsen, welche jene in Kurzen mit
Zinfen zurükgeben können, wenn die Schriftfteller ihr Kapital auf dergleichen Zinfen
anzulegen gewöhnt wären.

86.

Selbftruhm und Selbftverachtung kommen
aus einer und derfelben Quelle des Stolzes;
allein durch Selbftgefühl giebt der Menfch
fich den Werth, der ihm gebührt: und was
haben Weiber zu befürchten

wenn fie fich ernft entfchliefsen

nichts weiter

als nur ihre Rechte geltend zu machen.

Sie dürfen ja nur hierunter so artig und fein verfahren, wie jener Beklagte, der die Appellation vom Ausspruche des macedonifchen Königes Philipp, der wie Homer einmal gefchlummert hatte, an den erwachten König einwandte.

Wird nicht von dem nicht wohl, an den befer unterrichteten Pabft appellirt?

In der That unfer Gefchlecht felbft wird fich bey dem Verzicht auf päbftliche Unfehlbarkeit, und auf die angeblich natürliche Vormundfchaft in Hinficht des fchönen Gefchlechts viel befser, ungleich befser als izt befinden.

Erfindungen für Ergözungen und Zeitvertreibe kommen eher bey dem Menfchen vor, als Erfindungen für Bedürfnifse, und täglich werden Nothdürftigkeiten dem Vergnügen bey Bauten und neuen Anlagen nachgefezt.

Man glaubt oft aus guter Abſicht eher
das minder Nöthige beherzigen zu müſsen,
weil jenes ſich ſchon von ſelbſt melden wird.

Allein oft vergiſst man über die Spiel-
ſchuld, den Gläubiger zu befriedigen, der
uns aus Noth half, und vielleicht durch
dieſe Hülfe in Noth gerieth.

Und

beweiſst nicht

die Vernachläſsigung des andern, des
ſchönen Geſchlechts,

wie leicht uns über Spielwerk das

Nüzliche und Nüzlichſte

entfallen kann?

Wie weiſe, wenn wir den erſten Schritt
thäten!

87.

Wollten wir doch nicht vergeſsen, daſs
wir nur durch die Weiber mit der Natur
in Bekanntſchaft kommen, daſs wir nur an

I

ihrer Hand für jeden höhern Genuſs - em-
pfänglich und gut werden, den Knospen
gewinnenden Baum vor unſerm Fenſter nur
an ihrer Hand wollüſtig weinen ſehen. .

Jeder Tag unſers Lebens iſt ja ohnehin
nach dem verjüngten Maaſsſtabe berechnet,
und unſer Leben iſt arm ohne Theilnahme
der Weiber.

Des Morgens leben wir für den Staat,
Des Abends für uns!
Des Morgens ſind wir Bürger,
Abends Menſchen.

Selbſt des Mittags —
ob ſich gleich der Tag ſchon neigt,
fangen wir — wenn die Gläſer nicht gar zu
klein ſind, erſt mit dem fünften Glaſe an,
menſchlich warm zu werden.

Die Zeitung von dem Tode eines Bekannten ſchlägt, wenn ſie des Morgens kommt,
ein; allein es zündet nicht: ſagt man es

uns aber in der Dämmerung, — und wir schlafen nicht.

Hören wir des Morgens eine Kammer-musik; sie ekelt uns in eben der Art, wie sie uns des Abends vergnügt.

Wo viel Abend ist, da ist auch viel Ge-fühl, viele Theilnahme und Nachdenken.

Hier liefse sich manches noch erklügeln, wenn ich einen Bogen *Plus* ergründen wolte.

Allein ich fürchte ohnehin, man wird mich eher der Kürze als der Auseinander-sezung beschuldigen.

88.

Jene Tugend der Demuth, die wir so oft und ungebührlich für Schwäche nehmen, und die man nur gar zu gern aus der Zahl der Tugenden,

welche eine Stärke vorausfezen, verstofsen möchte, gewinnt im Weibe ihren ganzen ihr gebührenden Werth!

Männer, fagt man, haben die Erlaubnifs zu trozen.

Weiber müfsen vorftellen.

Männer können behaupten.

Weiber dafür halten.

Männer können lachen: Weiber müfsen weinen.

Welche ganz eigne, fonderbare Maximen!

Dafs wir doch, die wir fo fchlecht felbſt regieren, fo herzlich gern den Meifter über andere fpielen.

Dafs wir nicht einfehen wollen, dafs unfere Sicherheit und Ruhe in eben dem Grade abnimmt, in welchem die Grenzen diefer unferer fo benannten männlichen Machtvollkommenheit fich erweitern!

89.

Gefchäfte alfo wären den Weibern nicht angemefsen?.

Hat man denn aber nie Weiber gekannt, die ihre Männer in Geschäften weit zurük liefsen?

Ich würde den Ehrenstellen zu nahe treten, die izt fo hochverordnet als hochlöblich von Mannsperfonen bekleidet werden, fonft könnt' ich wohl zehen für eine nennen, wo die Weiber in ihrem Elemente find.

Finanzfach zum Beyfpiel und Arzneykunde.

Wer kann die Oeconomie der Weiber, und wer, dafs fie fchon ihrer Schwächlichkeit wegen zur Arzneykunde eine unzubeftreitende Anlage haben, verkennen?

Ein kränklicher Doktor ift oft der befte: er weifs wie es Kranken ift, und gewifs wird er wenigftens den Feind kennen, der ihm nach dem Leben fteht.

Faft ift es unfchiklich, dafs Männer das fchöne Gefchlecht heilen!

Wie mag es wohl hierunter im urfprüng-
lichen Stande der Natur ausgefehen haben?

Dafs man um diefe urfprüngliche Verhältnifse aufzufuchen, und die natürlichen
Anlagen, Fähigkeiten und Bedürfnifse der
Menfchen zu beftimmen, nicht um die Welt
reifen, und hierbey rohe auffer aller Verbindung lebende Menfchen zum Grunde legen kann, verfteht fich fchon von felbft;
da diefs nicht Naturmenfchen, fondern Men-
fchengattungen find, die durch günftigen
oder ungünftigen Einflufs des Klimas, des
Bodens, oder anderer Umftände von der Art,
zur Unart gediehen find.

Wir beweifen daher durch unfere Herr-
fchaft über das andere Gefchlecht, dafs
die Vernunft fich bey weitem noch nicht
in dem vollftändigen Befiz ihrer Rechte befindet.

Aber diefer Zeitpunkt wird eintreten.

Bis dahin mes Dames fafsen Sie Sich
in Geduld, und wenn auch der fobenannte
Herr der Schöpfung weniger Verftand hätte — geruhen Sie Sich wie ein Minifter im
Kabinett eines blöden Herrn zu führen, der
wenn gleich nichts ohne ihm gefchieht, doch
feinem Allergnädigften Alles zur Stempe-
lung vorlegt.

Vielleicht könnte man fonft gar die
fcheinheilige Frage zur Verheimlichung der
Tyranney ausftellen: ob es nicht gut wäre,
Ihrem Gefchlechte geiftiges Feuer und Waffer, Lefen und Schreiben zu verbieten?

Romane und Liebesbriefchen fchreiben,
werden diefen vorzufchiebenden Riegel mit
allem Scheine des Rechts vertretten, und
ihre Dienfte nicht verfagen.

Glauben Sie bis zum Eintritt diefes groffen Zeitpunkts durch Geduld zu verliehren?

Gewifs nicht!

Man verehrt diejenigen als Helden, denen die Geseze zu viel thun, und diese Kanonisation bleibt ewig ihr Theil und Erbe.

Sind Sie nicht vermögend, alles ohnehin schon so vorzubereiten, auf daſs nur geschehe, was Sie wünschen und wollen?

Und dieſs sollte die Art jeglicher Gesezgebung seyn?

Da wo man Geseze auf andere Weise giebt, steht es nur schlecht mit dem Volke: überhaupt dem Menschen mit einem Geseze forthelfen wollen, heiſst ihn nur schlecht heilen.

Man ordne das an, was man auch ohne Befehl thun würde.

Man begnüge sich in den meisten Fällen, wo man jezt unter Donner und Bliz gebietet, zu ermahnen: und wir werden den

Menfchen weiter bringen als mit Galgen und
Rad.

90.

Das ganze fchöne Gefchlecht muſs
fchweigen in der Gemeinde — unter
Menfchen!

Wahr — unerklärlich hart!

Aber: auch noch vor jener Revolution
der Vernunft und der Erlöfung, die dem andern Gefchlechte, wenn die Zeit erfüllt
feyn wird, fiegesreich bevorfteht, können Sie
Sich diefe unverzeihliche Partheylichkeit erleichtern.

Aeufsern Sie bis dahin im Kleinen, was
Sie bald ins Gröfsere beweifen werden, wenn
man auch an Sie denken, wenn man die
Verbefserung des Staats in Hinficht der
Kultur und Moralität von diefer Seite an-
greifen wird.

91.

Menfchenrechte

und

Männerrechte

werden fchon eins werden, und ihre Ro-
fen fchon blühen.

Wer nur Schmeichcleyen und Sophis-
men opfert, pflegt gemeinhin hierdurch alles zu thun, defsen er fahig ift, und Kapital famt Interefsen zu bezahlen.

Eine Schazkammer von Worten ift überhaupt eine Schazkammer von Scheidemün-
ze, die keinen innern Werth hat, und daher keinen Werth verdient.

Ein Mann, der es weifs, dafs er ein
Mann ift, glaubt diefer Kunftgriffe und Tro-
pen und Figuren entbehren zu dürfen, weil
er einen männlichen foliden wahren Vor-
trag hat.

Handlungen find geldwerth

also

Menfchenrechte — geben den Männern, und den Weibern gleiche Rechte.

92.

Es ift kein unrichtiger Gedanke, dafs Männer ohne Weiber, und Weiber ohne Männer in der Tugend es weder weit bringen werden noch können.

Der Menfch war in der hohen Perfon des Adams noch nicht vollendet.

Ein Gefchlecht ift da, um das andere zu erziehen und zu veredeln.

Schon in den erften Lebensjahren follte man daher Kinder männlichen und weiblichen Gefchlechts einander eher zuführen als entfernen: am wenigften zwifchen beyden eine zu grofse Kluft beveftigen.

Alle Völker, die das andere Gefchlecht einfperren, find ungefellige Völker.

Oeffentliche Vergnügungen und Theilnahme sind in dergleichen Ländern bis auf den Nahmen unbekannt, und ich glaube vest

daß man entweder

ein Gott oder ein Thier seyn muß, wenn nur die Einsamkeit Reiz für uns hat.

Eine Gesellschaft bloser Männer ist nur eine halbe, eine kalte Gesellschaft.

Eine Gesellschaft bloser Weiber ist — ihnen selbst unerträglich, oft gehässig.

Trennt man das eine vom andern Geschlecht, um — Moralität, sogenannte Tugend, zu bewirken? so veranschlagt man nicht, daß Einsamkeit diese Gemüthsfreundin der Phantasie, die wahre Gelegenheitsmacherin ist, und oft für das Verbot eine so grose Erbneigung, wie gegen das Gebot einen Erbwiderwillen hegt.

Ist es, um unsere Zeit desto höher anzuschlagen, und keinen Augenblick ohne Staatsgewinn entkommen zu lassen — ja — wer Arbeit — und Erhohlung — so in einander mischt, versteht weder zu arbeiten, noch sich zu erhohlen.

Krieger, wenn sie im Felde sind, machen eine Ausnahme, weil sie das Leben verachten und alles verläugnen müssen, was sie an den hohen Werth desselben und an die schöne Natur erinnert.

Wären ihre Weiber selbst Amazoninnen im Lager — Stroh taugt nicht beym Feuer!

Die Natur würde ihre Rechte geltend machen.

Der leidige Feind hätte bey halber Mühe völlig unbedingtes gewonnenes Spiel!

Der Gedanke, daſs etwas im Unglük unserer Freunde sey, was uns, wo nicht Ver-

.gnügen, doch kein Mifsvergnügen mache, hat viel

Kopffchütteln

verurfacht; wenn man ihn in der Art fchwächt, dafs etwas im Glüke unferer Freunde fey, was uns betrübe, fo verliert er zwar etwas von feiner Härte — aber auch von feiner Richtigkeit?

Wahrlich unfer Geficht darf nicht fonderlich weit reichen, es wird aller langweiligen Condolenzen und Glükwünfche ohnerachtet die Schlange bald entdeken, die fich im Grafe verborgen hält.

Die Anmerkung jenes teutfchen, dafs man fich in Frankreich zu oft malen lafse, gereicht Frankreich nach meinem Gefühle zur grofsen Ehre.

Jener Schriftfteller will zwar hieraus die teutfche Folge erzwingen : man fey in Frankreich fehr eitel und ftolz: allein mir fcheint

die Folge weit bündiger: daſs in Frankreich der Menſch mehr Menſch ſey, als in
Teutſchland.

Und was mehr Menſch ſeyn — heiſst
ſoll ich das erſt — beſtimmen?

Dieſs beweiſst auch die Flut franzöſi-
ſcher Dichtungen und Romane; in ſo weit
ſie mit den guten Sitten in gutem Verneh-
men ſtehen, und bey äſtetiſchen Fehlern
keinen andern moraliſchen haben, als daſs ſie

doch nur die Zeit vertreiben, oder,
was eben ſo viel iſt, ertödten —

93.

Völker, die das andere Geſchlecht als
Sclaven hielten, fielen über kurz oder lang
ſelbſt in Sclaverey.

Völker hingegen, die es edel behandel-
ten und groſs, wurden ihre Beſieger.

Der Staat, der eine Revolution anfängt

ohne den erften aller Punkte

wegen des andern Gefchlechts ·

in Ordnung zu ftellen ·

wird nie weit kommen:

Wie will der im Grofsen Menfchheit,
Gröfse, Güte und Gerechtigkeit beweifen,
der hiervon das ganze Gefchlecht aus-
fchliefst.

94.

Der aber, wer das andere Gefchlecht
aus Verachtung ehrt, wie etwan

der Engländer den Franzofen,

und die Blumen mit Füfsen tritt, mit denen
er fich, wenn er feinen füfsen, fchönen Tag
hat, ziert, weifs fo wenig, was er will, oder
er fpielt wenigftens eine fo fchwere Rolle,
wie der, fo über den Ruhm fpottet, um berühmt zu werden: ob er auch gleich den

Ruhm nicht verachtet, fondern ihn nur auf einem andern aber unrichtigen Wege fucht.

Ehre aus Verachtung ift der bitterfte Spott.

Gegen ihn find Hafs und Verfolgung Wohlthat.

Diefe Verachtung ift oft Schwäche des fehr fittlichen Menfchen,

oft Zeichen der feinften Erziehung, und gewöhnlich durch Täufchung und unglük- liche Liebe, in den gröfsern Cirkeln er- zeugt.

Diefe Cirkel verdienen auch wohl da- her nicht allgemeine Bewunderung und An- theil.

Auch das erfte Weib kann in einem fol- chen Cirkel unmöglich jenes Licht und Le- ben verbreiten, was erforderlich ift, um fo

K

viele Menfchen zu einem Zweke zu verei-
nigen und zu einer Unbefangenheit zu ftim-
men, nach welcher uns in einer kleinen
mehr harmonifchen Gefellfchaft alles fo zu
fagen entwifcht, wo Einbildungskraft, Laune
und Charakter fich in unfern Geberden und
Worten ausdrüken, wo Gefinnungen, die
man felbft über alltägliche Hof - und Stadt-
gefchichten trägt, aus der Tiefe des felbft-
eignen Herzens gefchöpft find.

Entweder theilen fich unfere gar zu grofse
Cirkel in kleinere, und da herrfchen dann
Eiferfucht, Mistrauen und kleinftädtifcher
Beobachtungsgeift, oder alles läuft wild
durcheinander, und die zu grofse Freyheit
bringt einen Zwang hervor, der dem wohl-
erzogenen Menfchen höchft unangenehm
und unausftehlich ift:

Dergleichen fobenannte offene Häufer
find den wüften Stätten ähnlich, wo jeder

fahren, reiten und gehen kann, und wo nirgends beſätes Land iſt.

Selbſt in der Hofwelt, wo die Charaktere mehr durch leichte Dinten, als durch Hauptfarben ſich unterſcheiden, entſteht eine gewiſse Alltäglichkeit, welcher auch der entfernteſte Begriff vom Geſellſchaftston fehlt.

Freylich iſt dort auch Coquetterie feiner — ſo wie die Schminke: aber — ſo fein ſie auch immer angelegt ſeyn mag — weg mit der Kunſt.

Wahrheit iſt das Symbol der Weiber: Weiſs das Symbol der Unſchuld, und Schminke das Symbol der Coquetterie.

Das Weib, die Verſtand und Freyheit, dieſe höchſten Geſchenke der Natur kennt, und ſie anzuwenden weiſs, muſs zu jenen Rechten gelangen, weil alles — alles dar-

auf angelegt ift, weil alles, alles dahin
hinaus will.

Nur Geduld, nur von Stuffe zu Stuffe
zur Vollkommenheit!

Und wer wollte zum Anfange nicht lieber das Heer feiner ihm oft im Wege fte-
henden Bedienten aufgeben, als bey vieler
Bedienung der Knecht von andern werden?

Wer nicht lieber ohne Güter feyn, als
durch den leidigen Befiz derfelben fich felbft
zur Sache erniedrigen?

Man kann viel liebenswürdige Eigenfchaften haben, allein darum noch keine
Tugend befizen.

Man kann viel aufgehen lafsen, und dennoch arm feyn.

Man kann fich in hohen Ehren befinden,
und dennoch fehr verachtet werden.

Man kann ein grofser Herr und dennoch ein elender Sclave feyn.

Wem diefs räthfelhaft fcheint, der über- zeuge fich durch Belege am Hofe.

95.

Man beurtheile doch einmal die Sache nach rechtlichen Grundfäzen!

Niemand fey aber Rabulift, Gefezfifcher, oder ein unphilofophifcher Legulejus.

Und welches Refultat?

Beobachtungen find aber oft Arbeiten, die gleich jenen Refultaten von Unzünftigen verfertigt werden können, denen aber oft nichts weiter abgeht, als eine Charlatanerie, ein ausgehängtes Meifterfchild.

Beobachtungen gelüften oft wider Sy- fteme, und Syfteme wider Beobachtungen, wie Fleifch gegen Geift.

Und doch follten fie fich wie Leib und
Seele, wie die obern mit den untern Fa-
kultäten und Seelenkräften vertragen, denn
fie find beyde aus einer Sippfchaft.

Wir haben zwar Vieles nicht mehr, was
uns ehemals zugehört hat; indefs kann uns
niemand das Anlags - oder Nachbarsrecht
ftreitig machen, woran wir im Veräufserungs-
fall, der fich in diefem Jahre oft gnug zu-
trägt, Gebrauch machen können; denn in
der That wir bemühen uns, die Goldbarren
der Philofophie auszumünzen, und im gemeinen Leben auszugeben, und find die lebendige Logik, da es auch deren einige
giebt, die lebendig nicht nur krank, fondern
todt find.

Diejenigen, auf deren weifen Rath ich
hier mit meinem guten Willen auftrete,
verftehen und verbeßern mich gewifs.

Und denen, die, ich will nicht fagen
Tyrones, Rekruten, fondern die Neulinge
falva venia dupondii find, mufs ich
zum freundlichen Willkommen anführen,
dafs ich meine Texte ratione formalis
weder Pandekten als wäre alles darin enthalten, noch Digefta als wäre alles fein
fymmetrifch eingerichtet und unter das Pris-
ma gebracht, nennen kann.

Ueberhaupt mufs man in vielen Fällen
eine grofse Pforte für den erften Anlauf,
für alles was kommt, und eine Hinterthür
für einen guten Freund haben, oder bey
der Kultur der feinen und gelehrten Vernunft den gemeinen oder thätigen und ge-
funden Verftand bilden.

Jenes gefchieht für das betrachtende,
diefes für das thätige bürgerliche Leben;
jenes für die Schule, diefes für das Haufs.

Wolff, der das Reich der Möglichkeit
und der Unmöglichkeit unrichtig maſs, war
dazu gebohren, die Deutſchen an Ort und
Stelle zu bringen.

Unſere Landsleute haben alle etwas
von mathematiſcher Methode.

Sie ſchlagen alle zur Ordnung ein.

Sie haben ein ſyſtematiſches Genie, und
wenn die Engländer maulen, ſo bezeichnen
wir nur eine kleine Empfindlichkeit.

Viele Geſeze machen viele Richter und
Rathgeber; und da dieſe Viele in ihrem
Rechtsweinberge nicht ohne ihren Groſchen
bleiben wollen, ſo muſs es

von Amtswegen

viel Hader, Zank und Streit, auch wohl
ein klein wenig

Neid

geben, und mit dem lieben

Mein und Dein

zulezt so ins Gedränge kommen, daſs niemand mehr recht weiſs: wer Koch oder Kellner iſt!

Unſre Gerichte ſind einem Sprachrohre ähnlich, das zwar einen ſtarken Schall bewirkt, allein die hineingeruffenen Worte undeutlich macht.

Nicht volle, ſondern ledige Fäſser tönen, und das Rad, welches nichts taugt, läſst ſich am längſten hören.

Wie oft appelliren die Herren Philoſophen von der Vernunft an die Einbildungskraft, wonächſt ſie die Reviſion bey dem geſunden Menſchenverſtande einlegen, als bey der lezten Inſtanz, die man auch das Volksgericht nennen könnte.

Wir haben dagegen zu unſerer Kopfunterlage ein Geſezbuch, worauf die Rich-

ter in allen drey Inftanzen ruhen, und
wenn man feiner

Härte

durch ein gutes Kifsen

von Erklärung

zu Hülfe kömmt, nicht übel — fchlafen.

Der Gröfsere thut übrigens
als fähe er blos fich, allein er beobachtet und beabfichtigt andere, und,
wo es nur irgend angeht, die ganze Menfchheit.

Der Weltkluge dagegen thut als fähe
er blofs auf andere, und fieht doch nur
auf fich.

Viele junge Leute auf Akademien, wenn
fie auch mehr thun als Welterleuchter,
wifsen was fie blofs lernen, und worüber
fie weiter denken follen — aber nicht alle,
nicht alle wifsen das!

Viele lernen wieder Gedanken

    allein fie lernen nicht denken.

Sie lernen Philofophie,

    allein nicht philofophiren!

Sie lernen die Gefeze,

    allein nicht das Recht!

Und hiernach

kann faft jedes Gefez durch jene gewöhnlich herrliche Modulirung der Auslegung,
in unferer Hand eine Geftalt wie das Wachs
gewinnen.

Sehr natürlich, dafs auch hier unfere
Verbefserung ihren Anftofsftein zeither
finden mufste.

96.

Alfo — die Zukunft unfre grofse Ausficht.

Der Herzog von Orleans kann auch
unmöglich mit einemmale Herr Capett
heifsen.

Auch ist hundert gegen eins zu wet-
ten, daß Erziehung und Denkart und Vermögen auch hier kein allgemeines Gleich-
heits - und Freyheits - System

was ohnehin ausgemacht ein Unding

bleibt

organisiren soll und kann.

Aber jene Ungerechtigkeiten, denen zu-
folge das weibliche Geschlecht, aufstehen
und niederlegen ausgenommen, unter ewi-
ger Vormundschaft steht, werden ihre End-
schaft erreichen! weil sie unnatürlich, nirgends gegründet, und höchst unmorale ar-
rogante Usurpationen sind.

Man muß aber die Kette der Natur-
ursachen nicht eher verlassen, als bis man
sie augenscheinlich an das unmittelbare
Verhängniß geknüpft sieht.

Und ift es nicht der Mühe werth, die
Menfchen jener goldenen Zeit näher zu
bringen, wo Einficht und Tugend die ent-
fcheidende Stimme und die reinfte Moralität ohne Beftechung auf ihrer Seite haben werden.

Der Schritt des und zum Böfen ift
fchnell.

Der Schritt des und zum Guten lang-
fam.

Und daher erwäge das fchöne das edle
Gefchlecht, dafs nur eine mild erwärmende
Sonne die Dünfte zerftreut, und den er-
wünfchten Wachsthum befördert, dafs alles keimen, aufgehen, wachfen und blühen
mufs, ehe es auf reife Früchte Anfpruch
machen kann; dafs diefe Umwandlung weder Herolde noch Huldigungsboten an-
kündigen, fondern

daſs ſie ſtill ſchreitet wie — die Natur, und dann erſt, wenn ihr Ziel erreicht iſt, jene groſse Stunde eintritt.

Vielleicht in einem kommenden Bändchen unſerm Zweke ſchon um etwas näher.